Gonglu Dizhi Zaihai Fangzhi Yingzhiyinghui Shouce

# 公路地质灾害防治应知应会手册

中交第一公路勘察设计研究院有限公司 主编

人民交通出版社股份有限公司
China Communications Press Co.,Ltd.

## 内 容 提 要

本书从公路基层养护部门地质灾害防治的实际工作出发,对我国公路地质灾害防治基本现状,各类灾害的成因、特征进行了简单梳理,对地质灾害调查、识别和监测方法,防治措施,养护和应急抢险要求等公路地质灾害防治的相关知识进行了全面介绍。

本书图文并茂,通俗易懂,条理清晰,目的是普及公路地质灾害防治的基本知识,适合公路基层养护人员、管理人员、技术人员参考使用,也可作为大专院校认知学习用书,以及地质灾害防治技术人员自学与培训教材。

### 图书在版编目(CIP)数据

公路地质灾害防治应知应会手册 / 中交第一公路勘察设计研究院有限公司主编. — 北京:人民交通出版社股份有限公司,2019.11
ISBN 978-7-114-15959-6

Ⅰ.①公… Ⅱ.①中… Ⅲ.①道路工程—地质灾害—灾害防治—手册 Ⅳ.①U418.5-62

中国版本图书馆 CIP 数据核字(2019)第 249661 号

| | |
|---|---|
| 书　　名: | 公路地质灾害防治应知应会手册 |
| 著 作 者: | 中交第一公路勘察设计研究院有限公司 |
| 责任编辑: | 李　沛　　周佳楠 |
| 责任校对: | 孙国靖　　扈　婕 |
| 责任印制: | 张　凯 |
| 出版发行: | 人民交通出版社股份有限公司 |
| 地　　址: | (100011)北京市朝阳区安定门外外馆斜街 3 号 |
| 网　　址: | http://www.ccpress.com.cn |
| 销售电话: | (010) 59757973 |
| 总 经 销: | 人民交通出版社股份有限公司发行部 |
| 经　　销: | 各地新华书店 |
| 印　　刷: | 北京市密东印刷有限公司 |
| 开　　本: | 787×1092　1/16 |
| 印　　张: | 12.5 |
| 字　　数: | 240 千 |
| 版　　次: | 2019 年 11 月　第 1 版 |
| 印　　次: | 2019 年 11 月　第 1 次印刷 |
| 书　　号: | ISBN 978-7-114-15959-6 |
| 定　　价: | 85.00 元 |

(有印刷、装订质量问题的图书由本公司负责调换)

# 《公路地质灾害防治应知应会手册》
# 编委会

编委会主任：吴德金

编委会副主任：孙永红　吴明先

主　　　编：刘运平

编写人员：夏旺民　刘卫民　喻林青　蔡庆娥　祝　建
　　　　　龙万学　吕汉川　秦　明　吕厚全　肖西卫
　　　　　张修杰　方　磊　何文勇　赵　冬　刘　鑫
　　　　　张尧禹　邓超文　丁昭平　王晨涛　刘朝跃
　　　　　刘存林　郭怀江　于　晖　祝　塘　夏　良
　　　　　尉学勇　杨刚军　彭　李　刘伟亮　朱冬春
　　　　　赵　杰　刘文亮

编审人员：杨　亮　花　蕾　蔡小秋　李　健　赵永国
　　　　　姚令侃　廖小平　贾志裕　周平根　张敏静
　　　　　张　伟　刘　涛　王　中　吴有铭　邓卫东

主 编 单 位：中交第一公路勘察设计研究院有限公司

参 编 单 位：贵州省交通规划勘察设计研究院股份有限公司

广东省交通规划设计研究院股份有限公司

中交公路规划设计院有限公司

四川奥思特边坡防护工程有限公司

东南大学

湖北省交通运输厅公路管理局

贵州省公路局

西安中交公路岩土工程有限责任公司

陕西省公路交通防灾减灾重点实验室

# 序

我国地域辽阔，地质构造复杂，地震频繁，降水充沛、集中，生态环境脆弱，是世界上地质灾害最严重的国家之一。地质灾害种类多，分布地域广，发生频次高、造成损失重。国家主席习近平在中央财经委员会第三次会议上发表重要讲话强调，加强自然灾害防治关系国计民生，要建立高效科学的自然灾害防治体系，提高全社会自然灾害防治能力，为保护人民群众生命财产安全和国家安全提供有力保障。

公路或穿越山谷，或爬坡越岭，或沿河谷蜿蜒延伸，或在平原地区顺直布线，会受到各种地质灾害的影响，同时公路建设也可能引发各种地质灾害，导致公路交通受阻或中断，危及行人出行安全，造成人民生命和财产损失，增大养护费用和治理费用，成为影响社会生活秩序、制约地区经济发展和交流的不利因素。

多年来，我国交通运输部门和公路管理机构一直对公路用地范围内的地质灾害防治予以高度重视，公路防灾减灾管理体系不断完善，公路地质灾害机理和演变规律研究逐步深入，公路地质灾害风险评估、监测预警、应急响应、防治养护等方面技术水平不断提高。为进一步提升公路行业自然灾害防治能力，交通运输部公路局组织中交第一公路勘察设计研究院有限公司等部分国内公路地质灾害科研、管理单位编写了《公路地质灾害防治应知应会手册》，帮助广大一线养护技术人员系统了解地质灾害防治的技术要求、养护要求和管理要求。

该书介绍了我国公路地质灾害防治的基本现状，各类灾害的成因、特征；系统梳理了调查、识别和监测的方法，防治措施，养护和应急抢险要求等；普及了公路地质灾害防治的相关知识。形式图文并茂，内容深入浅出，条理清晰明确，对策因地制宜，具有很强的针对性、普及性、实用性、指导性，适合基层养护职工和技术管理人员使用。

及时有效地处置地质灾害对保障公路安全运行至关重要，希望广大公路工作者充分认识公路地质灾害防治工作的重要性和紧迫性，以认真的态度、科学的精神切实加强公路地质灾害排查、监测、治理，不断总结经验，积极推广经济适用的公路地质灾害防治技术，为提高我国公路防灾减灾水平贡献自己的才智和力量。

交通运输部公路局局长

2019 年 8 月

# 前言

公路是服务经济、服务社会、服务公众的重要载体,是综合交通运输体系的骨干。公路交通工作事关新型工业化、信息化、城镇化、农业现代化进程,事关扶贫开发和区域协调发展,事关全面建成小康社会目标的实现,事关综合交通运输体系整体效率的发挥,在国家经济社会发展全局中占有重要地位。截至2018年底,我国公路总里程484.65万km,公路密度50.48km/100km$^2$,公路养护里程475.78万km,全国四级及以上等级公路里程446.59万km。

多年来,我国交通运输部门和公路管理机构一直对公路沿线地质灾害予以高度重视,公路防灾减灾管理体系逐步完善,公路地质灾害机理和演变规律研究逐步深入,公路地质灾害风险评估、监测预警、应急响应、防治养护等方面技术水平不断提高。"十一五"和"十二五"期间,全国公路系统在地质灾害防治方面投入大量人力、物力,累计分别处治公路灾害路段10 283km和19 000km,公路地质灾害发生率大幅降低,易发、多发势头得到有效遏制,路网安全运行水平明显提升。

我国公路地质灾害具有种类多、发生频繁、影响范围广的特点,公路地质灾害防治需要依靠大量基层养护工作人员,因此要求参与人员熟悉并掌握公路地质灾害基本概念、地质灾害调查识别和防护工程养护方法等知识。为此,交通运输部公路局下达了组织编写《公路地质灾害防治应知应会手册》(以下简称"手册")的任务。中交第一公路勘察设计研究院有限公司作为国内知名公路地质灾害防治勘察设计单位,组织国内公路地质灾害防治方面知名的勘察设计施工单位、科研院校和管理单位组成编写组，结合多年来在公路地质灾害防治领域的经验和成果，编写了本手册。

手册主要面向公路地质灾害养护人员，对公路地质灾害调查、识别、养护、检查和评价，以及应急处置等相关应知应会知识进行了系统梳理。第1章介绍我国公路地质灾害防治现状、防治思路和对策；第2章着重介绍公路地质灾害主要类型及成因，简要介绍了我国公路地质灾害的特征；第3章介绍公路地质灾害调查的方法和步骤，简单介绍了公路地质灾害的识别方法；第4章全面介绍公路地质灾害监测方法、各类地质灾害专业监测及简易监测的仪器和工作内容；第5章介绍各类公路地质灾害防治措施类型及典型的防治措施；第6章介绍公路地质灾害防治工程的检查、评价和养护，简单介绍了公路地质灾害防治的规划和年度计划编制；第7章介绍公路地质灾害应急抢险的体系及抢险工程。

本手册编写过程中引用、参考了大量的科技论文、著作等文献资料，未能注明作者及出处，在此向作者表示歉意。

本手册适合公路基层养护人员、管理人员和技术人员参考使用，也可作为大专院校学生认知学习用书，以及地质灾害防治技术人员自学与培训教材。由于编者水平有限，书中若存在不妥或疏漏之处，敬请读者批评指正。

编　者

2019年8月

# 目录

## 第 1 章 绪论 … 001
### 1.1 我国公路地质灾害防治现状 … 001
### 1.2 公路地质灾害防治思路与对策 … 003

## 第 2 章 公路地质灾害类型及特征 … 011
### 2.1 公路地质灾害主要类型及成因 … 012
### 2.2 我国公路地质灾害特征 … 034

## 第 3 章 公路地质灾害调查与识别 … 043
### 3.1 公路地质灾害调查 … 043
### 3.2 公路地质灾害识别 … 054

## 第 4 章 公路地质灾害监测 … 065
### 4.1 公路地质灾害监测方法 … 065
### 4.2 滑坡监测 … 067
### 4.3 崩塌监测 … 072
### 4.4 泥石流监测 … 075
### 4.5 水毁监测 … 079
### 4.6 路基沉陷与塌陷监测 … 080

## 第 5 章　公路地质灾害防治 083

### 5.1　崩塌防治措施 084
### 5.2　滑坡防治措施 089
### 5.3　泥石流防治措施 093
### 5.4　水毁防治措施 100
### 5.5　路基沉陷与塌陷防治措施 104

## 第 6 章　公路地质灾害防护工程养护 109

### 6.1　防护工程检查 110
### 6.2　防护工程评价 112
### 6.3　防护工程养护 114
### 6.4　专项整治 131
### 6.5　公路地质灾害防治规划及年度计划编制 131

## 第 7 章　公路地质灾害应急抢险 133

### 7.1　应急抢险 133
### 7.2　应急抢险工程对策 137
### 7.3　道路掩埋阻塞应急抢通 144
### 7.4　路基加固与防护 146

## 附录 A　公路地质灾害防治法规及管理制度 155

## 附录 B　《地质灾害防治条例》和《公路交通突发事件应急预案》 159

## 附录 C　地质灾害调查表 179

## 参考文献 185

# 第 1 章
# 绪　论

随着我国社会经济的快速发展，公路建设日新月异。截至 2018 年底，我国公路总里程 484.65 万 km，公路密度 50.48km/100km$^2$，公路养护里程 475.78 万 km；其中，全国高速公路里程 14.26 万 km，通车里程跃升至世界第一，实现了由"初步连通"向"覆盖成网"的重大跨越。二级及二级以上等级公路里程 64.78 万 km，实现了由"连片成网"向"提档扩能"的重大提升。农村公路里程 403.97 万 km，布局更加优化，实现了由"树状网络"向"网格化网络"的巨大进步。基本形成一张布局合理、层次分明、干支协调、衔接顺畅的公路网络，路网通行能力、抗灾保通能力和应急保障能力不断提高。

我国是地质灾害多发的国家，公路或穿越山谷，或爬坡越岭，或沿河谷蜿蜒延伸，会受到各种地质灾害的影响，同时公路建设也可能引发各种地质灾害，导致公路交通受阻或中断，危及行人出行安全，造成人民生命和财产损失，增大养护费用和治理费用，成为影响社会生活秩序、制约地区经济发展和交流的不利因素。正确认识公路地质灾害及其主要类型与危害性，全面了解公路地质灾害防灾减灾政策和地质灾害防治措施，全面提升公路地质灾害的综合防范能力，是实现公路地质灾害全过程控制，全面降低公路地质灾害风险的基础。

## 1.1　我国公路地质灾害防治现状

### 1.1.1　公路地质灾害防治工作现状

公路地质灾害防治是指对公路用地范围内的不良地质现象进行监测及评估，通过有效的工程技术手段，防止灾害发生或降低灾害发生严重程度，最大限度地减少灾害损失。公路地质灾害防治按照预防为主、防治结合、综合治理的原则进行。

多年来，我国交通运输部门和公路管理机构对公路沿线地质灾害高度重视，公路防灾减灾管理体系逐步完善，公路地质灾害机理和演变规律研究逐步深入，公路地质灾害风险评估、监测预警、应急响应、防治养护等方面技术水平不断提高。"十一五"和"十二五"期间，全国公路系统在地质灾害防治方面投入大量人力、物力，累计分别处治公路灾害路段10 283km和19 000km，公路地质灾害发生率大幅降低，易发、多发势头得到有效遏制，路网安全运行水平明显提升。

1）大力提倡"地质选线、环保选线"的新理念，严格设计审批，切实把好公路地质灾害防治源头关

在路网规划和可行性研究阶段，加强对路线走廊带的地质灾害风险评估，大力提倡地质选线的新理念，从源头上发现地质灾害，严格设计审批，尽可能通过绕避措施和有效的工程措施防治地质灾害。

2）重视科技研究，有效提升公路地质灾害防治技术水平

交通运输部高度重视科学技术研究，充分发挥科技对防灾减灾工程的支撑保障作用。近年来，组织开展了多项公路地质灾害相关课题研究，深入探索公路地质灾害分布机理，完善灾害评估和监测预警技术体系，地质灾害防治技术水平明显提高。

3）组织实施干线公路灾害防治工程，提高公路防灾减灾能力

"十一五"以来，交通运输部按照"预防为主、防治结合、因地制宜、综合治理"的工作思路，启动了干线公路灾害防治工程，采取先试点后推开和典型示范工程的方式，在国省干线地质灾害频发路段，增设和完善公路灾害防护设施，采用工程措施对公路边坡、路基、桥梁的构造和排（防）水设施进行综合处置。

4）加强公路养护管理，保障受灾公路安全畅通

交通运输部坚持将公路地质灾害防治与日常养护管理工作紧密结合，总结规律，制定措施，着力构建公路地质灾害防治的长效机制。交通运输部在《公路养护技术规范》（JTG H10—2009）中明确提出公路防灾养护标准和工作要求。此外，每年汛期来临之前，交通运输部都会发出通知，要求各地切实加强公路地质灾害隐患排查治理工作，按照"预防为主，防治结合"的原则，加大公路地质灾害隐患排查治理工作力度，及时消除隐患，修复受灾公路，努力延长公路使用寿命。对年度防汛抗灾工作进行统一安排、提前部署，并在汛期前组织专项督察，有效促进了各省（自治区、直辖市）地质灾害防治各项工作措施落实到位。同时，交通运输部每年安排公路灾毁抢修补助资金，用于支持各地灾毁公路抢修保通工作，并根据各地受灾情况，派出工作组

5）加快推进应急管理体系建设，提升防灾应急处置能力

对突发地质灾害事件的应急处置是防治工作的一项重要内容，加强应急处置能力建设也是各级交通运输主管部门应对地质灾害的重要保障。交通运输部对《公路交通突发事件应急预案》进行了修订，完善了应急运行机制，提高和加强了预案的可操作性和执行力，组建了交通运输部路网监测与应急处置中心，加强对全国高速公路和重要干线公路网的运行监测。建立了与国家气象局的合作机制，及时发布公路气象预警信息，使受灾地区在第一时间掌握恶劣气象和地质灾害动向，增强各地应对地质灾害防治工作的主动性和时效性。

## 1.1.2 公路地质灾害法规与管理制度

党中央、国务院高度重视地质灾害防灾减灾工作，把综合防灾减灾工作作为国民经济社会发展的重要保障和国家公共安全体系建设的核心内容。

在国家法律法规层面，以《中华人民共和国公路法》《地质灾害防治条例》《公路安全保护条例》等法律法规为基础，推进公路地质灾害防治法律法规体系建设。

公路重大地质灾害的防治从宏观行政体制上属于自然资源部门管辖，公路沿线的地质灾害纳入了属地地质灾害防治规划和计划，地质灾害防治采用自然资源部门技术标准。交通运输部根据公路地质灾害特点，颁布和制定了《公路滑坡防治设计规范》（JTG/T 3334—2018）等规范，逐步完善地质灾害防治相关标准体系。

在管理制度层面，交通运输部颁布《公路养护工程管理办法》《关于加强公路沿线地质灾害防治工作的紧急通知》《公路交通突发事件应急预案》及各省（自治区、直辖市）交通运输主管部门制定的《公路地质灾害防治工作方案》，在公路设计、建设、养护和运营等各个环节，采取有力措施，加强公路地质灾害防治。

公路地质灾害防治相关法规及管理制度，以及部分法规、条例主要条款见附录 A 和附录 B。

# 1.2 公路地质灾害防治思路与对策

## 1.2.1 总体思路

随着公路里程的迅速增加以及高等级公路大规模向山区、生态脆弱、地质复杂、特殊岩土地区延伸，出现了许多过去很少遇到的新问题，公路建设与自然环境的相互作用也愈发强烈，我国公路地质灾害的发育强度及其危害在一定时期内仍然处于不断增强的趋势，加之目前我国交通运输行业尚未形成较为完整的公路重大地质灾害监测与控制体系，公路

防灾减灾形势较为严峻。

2016年12月29日，国务院办公厅印发《国家综合防灾减灾规划（2016—2020年）》，对防灾减灾救灾工作提出了明确的指导思想与要求。牢固树立和贯彻落实新发展理念，坚持以人民为中心的发展思想，正确处理人和自然的关系，正确处理防灾减灾救灾和经济社会发展的关系，坚持以防为主、防抗救相结合，坚持常态减灾和非常态救灾相统一，努力实现从注重灾后救助向注重灾前预防转变、从应对单一灾种向综合减灾转变、从减少灾害损失向减轻灾害风险转变，着力构建与经济社会发展新阶段相适应的防灾减灾救灾体制机制，全面提升全社会抵御自然灾害的综合防范能力，切实维护人民群众生命财产安全，为全面建成小康社会提供坚实保障。"预防为主，综合减灾；分级负责，属地为主；依法应对，科学减灾；政府主导，社会参与"，成为我国"十三五"期间国家综合防灾减灾的基本原则。

2016年12月，国土资源部在《全国地质灾害防治"十三五"规划》中提出，到2020年，建成系统完善的地质灾害调查评价、监测预警、综合治理、应急防治四大体系，全面提升基层地质灾害防御能力。在重大工程所在区域、重要城市、人口聚集区等区域建立地质灾害风险管控体系，显著减小地质灾害风险，全面降低中、东部经济发达地区地质灾害风险，有效解决西部及老少边穷地区因灾致贫、因灾返贫问题。

党的十九大报告中，国土绿化行动部分明确提出了"加强地质灾害防治"。党的十九大后，国家主席习近平在中央财经委员会第三次会议上发表重要讲话强调，加强自然灾害防治关系国计民生，要建立高效科学的自然灾害防治体系，提高全社会自然灾害防治能力，为保护人民群众生命财产安全和国家安全提供有力保障。提高自然灾害防治能力，要全面贯彻习近平新时代中国特色社会主义思想和党的十九大精神，牢固树立"四个意识"，紧紧围绕统筹推进"五位一体"总体布局和协调推进"四个全面"战略布局，坚持以人民为中心的发展思想，坚持以防为主、防抗救相结合，坚持常态救灾和非常态救灾相统一、强化综合减灾、统筹抵御各种自然灾害。坚持预防为主，努力把自然灾害风险和损失降至最低；坚持改革创新，推进自然灾害防治体系和防治能力现代化；坚持国际合作，协力推动自然灾害防治。

针对公路地质灾害防治存在的问题，需进一步完善公路地质灾害综合防控管理体系，提升公路地质灾害风险评估、监测预警、应急响应、防治养护等方面技术水平和能力建设。

总体思路为树立"创新、协调、绿色、开放、共享"的发展理念，提高保护适应自然的能力，从源头上持续降低公路地质灾害导致的灾害风险；提高风险识别和管控的能力，从规划布局上逐步规避公路地质灾害风险；提高与灾害共存的能力，从工程措施上有效防御公路地质灾害风险，最大限度地降低巨灾影响；提高有效抚平灾害创伤的能力，从灾后重建上推进恢复并适当超过灾前水平。

## 1.2.2 公路地质灾害防治对策

1) 提高保护适应自然的能力，从源头上持续降低公路地质灾害导致的风险

(1) 加强生态系统保护与修复

根据党的十八大和十八届三中全会对生态文明建设的部署，落实"保护生态环境就是保护生产力、改善生态环境就是发展生产力"的理念，坚持尊重自然、顺应自然、保护优先和自然恢复为主的方针，严格遵循主体功能区和生态保护红线等空间管控要求，将生态保护理念贯穿于交通基础设施规划、建设、运营和养护全过程。重点推进生态选线选址，降低交通基础设施建设和运营对生态环境的影响。严格落实水土保持措施，加强植被保护与恢复。强化生态保护和恢复，加强地质灾害防治。针对早期建设需要进一步修复生态环境的交通基础设施，鼓励开展生态修复。

完善在"设计上最大限度保护、施工中最小限度破坏、完工后最大限度恢复"的建设理念，做到"科学设计、避灾保稳、精心施工、减少破坏、统筹协调、方便群众、综合治理、恢复生态"。

(2) 强化资源环境承载力管控

党的十九大为新时代的生态文明建设指明了目标与方向，不断推进国土空间治理与自然资源管理体系与能力现代化，持续提升资源环境承载能力，成为所有"资源人"的使命担当。

公路建设和运营中应加强对资源环境承载力的管控，建立公路沿线资源环境承载能力评估机制；坚持行业监管与社会监督相结合，强化行业监管能力，充分发挥社会监督作用；加强对公路沿线地质灾害区域监测、治理的效果评价与绩效考核，提高资源环境的承载力。

(3) 适应全球气候变化

据预测，21世纪前期全球气候变化背景下我国极端天气气候事件发生的频率、强度和区域分布变得更加复杂，中小尺度天气系统孕育暴雨的不确定性因素加大，局地突发性强降水和台风等极端气候事件增多，地震趋于活跃，强降雨过程和地震引发地质灾害发生的概率加大，造成地质灾害的总体形势可能更加严重，未来数年内仍是地质灾害的高发期。

公路建设运营应适应全球气候变化，从规划、设计、施工和运营养护全过程加强对地质灾害的认识，提高地质灾害识别治理能力，加强公路地质灾害的监测和防治，从源头上

降低地质灾害风险。

2）提高风险识别和管控的能力，从规划布局上逐步规避公路地质灾害风险

（1）开展地质灾害综合风险普查和评估

建立公路地质灾害隐患定期排查制度，特别是对容易发生地质灾害区域的排查要做到制度化、常态化，建立数据库，并加强汇总分析。对排查确定的地质灾害隐患应进行风险评估，为养护提供决策依据，建立分级、分类管理制度，加强监测、预警。

（2）强化地质灾害风险规避管理

强化防灾减灾意识，强化监测预报预警，强化地质灾害隐患排查和应急准备。加强地质灾害高风险区的隐患巡查，对重大隐患点要落实监测责任人和各项防范措施。完善预案方案，做好应急值守，提前做好动员组织、人员队伍、设备装备等各项准备，加强应急演练，加强信息通报共享，加强地质灾害专业应急力量调配，根据灾情及时组织力量投入抢险救灾，开展应急调查处置工作。

2018年8月11日上午8时30分，北京房山区军红路K18+350发生山体塌方（图1-1），巨大山石滚落造成双向断路，预估塌方量在30 000m³以上。就在大规模山体崩塌发生前，北京市交通委员会路政局房山公路分局巡视人员及地质灾害群测群防员安宏三在例行对村内地质灾害台账上的隐患点巡查时，发现在军红路该处有石块掉落，通过观察和参加培训时掌握的地质灾害防治知识，安宏三认为此处山体已经失稳，有马上发生山体大面积崩塌的可能，便立即拦截了当时在该路段的15辆车、28人，在路上采取了拦挡行人和车辆、告知前方危险不能通行的措施，同时打电话报告给村支部书记。村支部书记第一时间将有关情况汇报给乡政府主管负责人。10分钟后，大面积的山体同时崩落，道路被中断，但由于当时没有车辆和行人通过，因此未造成人员伤亡和车辆损失。巡视人员安宏三的认真负责，当机立断，有效避免了一起因地质灾害引发的群死群伤事件。

图1-1 北京房山区军红路K18+350发生山体塌方

(3) 加强地质灾害监测预报预警能力建设

结合公路地质灾害类型及特点、地质灾害防治四大体系（调查评价、监测预警、应急防治、综合治理）及公路工程全生命周期过程理论，从地质灾害评估、地质灾害监测、地质灾害预警和地质灾害防治等方面完善公路地质灾害监测和控制技术，完善公路地质灾害监测网络，提高公路地质灾害预警评估水平，加强地质灾害监测预报预警能力建设。

2018年2月19日凌晨4时30分，G108周至段发生严重崩塌（图1-2），万余立方米土石崩塌而下，公路瞬间摧毁，交通阻断。长安大学提前5天发出红色预警，避免了重大交通损失和人员伤亡。此次成功监测预警不仅最大限度地减少了灾害带来的损失，也是陕西省首例公路交通部门通过预警和应急响应成功减灾防灾的典型案例。利用无人机勘察现场，分析崩塌机理，选择优化监测

图1-2　G108周至段崩塌

网，通过多种科学手段采集数据，包括位移精度极高的北斗位移监测一体机的应用，综合分析判断边坡位移变化趋势，提前预测预警。崩塌前，共采集数据3万余个，提供监测报告80份，准确发出橙色和红色预警共10次。实施监测以来，在黄色和橙色预警期间通过采取安全措施，相关部门为车辆和行人最大限度地提供了交通安全保障。

3) 提高与灾害共存的能力，从工程措施上有效防御公路地质灾害风险，最大限度降低巨灾影响

(1) 提升关键基础设施抗灾能力

路网结构和抗灾能力是公路交通减灾防灾的保障。发生区域性灾害时，公路交通的畅通往往起着生命线工程的作用，对抢险救援、交通疏导、人员物资运输等起着至关重要的作用。当前，我国西部地区、山区，偏远地区干线公路网基本上是沿原有道路升级改造或改建，结构、等级还有待进一步完善提高，主要表现为部分地区路网结构不尽合理，线路互联互通不充分，公路等级偏低、抗灾能力弱，受自然条件和环境因素影响大，与频繁发生的灾害特别是巨型灾害对抗灾能力的需求极不适应。一旦发生巨灾，往往导致灾害的时空延拓，制约了地区经济社会发展和灾害发生时的抢险救援工作。因此，应继续加大这些地区的路网建设、养护力度，完善公路网络，提升公路等级和防护水平，规范交通管理，及时安排公路养护，实现通行效率较大幅度提高，提升基础设施抗灾能力。

(2) 大力推进公路地质灾害防治工程建设

"十一五"以来，交通运输部启动干线公路灾害防治工程，在国省干线地质灾害频发

路段进行地质灾害防治。各地将公路地质灾害防治与日常养护管理工作紧密结合，总结规律，制定措施，着力构建公路地质灾害防治的长效机制，不断加大公路地质灾害隐患排查治理工作力度，及时消除重大隐患，修复公路灾害，努力延长公路使用寿命和提高公路通行安全水平。

4）提高有效抚平灾害创伤的能力，从灾后重建上推进恢复并适当超过灾前水平

（1）建立科学全面的灾害评估体系

科学全面的灾害评估，可以全面掌握灾害的影响范围、破坏程度、直接经济损失，是应对灾害的基础性工作，对支撑受灾区域开展应急救援、恢复重建规划，以及不断完善优化交通防灾减灾工作都具有重要意义。因此，应逐步建立科学全面的公路地质灾害评估体系。加强公路地质灾害评估工作制度建设，确定工作程序，明确相关部门开展公路地质灾害评估工作的方式和流程；加强公路地质灾害评估技术标准建设，研究建立相关技术标准体系，提高标准间的系统性和衔接性；加强公路地质灾害评估方法研究，建立多种方法综合的方法体系，综合利用地理信息系统技术、遥感技术、数据库技术等，处理、综合、分析、评估公路地质灾害灾情统计数据、地理信息数据、遥感数据等各类数据，建立可业务化运行的公路地质灾害灾情评估系统，增强评估的科学性、客观性、规范性，提高评估的质量和效率。

（2）科学编制实施灾后恢复重建规划

按照"应急与谋远相结合、恢复与改造相结合、重建与提质相结合"的原则，开展灾后重建前期工作，结合灾区地形和地质条件，把灾后恢复重建与生态修复、地质灾害整治有机统筹起来，科学评估、科学规划、科学重建。

坚持"突出重点、兼顾一般、先干后支、先急后缓"的原则，有计划、分步骤地推进公路灾后恢复重建。

（3）建立完善灾后重建技术政策体系

完善公路地质灾害灾后重建技术标准体系，将公路地质灾害灾后重建技术标准纳入公路工程行业标准体系，支持开展具有地方特点的各类地质灾害评估、勘察、设计的规范编制。建立公路地质灾害灾后重建投资政策，多渠道筹措建设资金，为灾后重建提供必需的资金保障，确保灾后重建高效率、高标准、高质量完成，及时消除公路隐患、恢复通行功能。

总之，我国公路地质灾害防治必将走向新的高质量发展道路。在公路地质灾害防治总体思路下，逐步完善地质灾害防治能力的建设，提高公路地质灾害防治保护适应自然能力、风险识别和管控能力、与灾害共存能力、有效抚平灾害创伤能力，公路防灾减灾管理体系将进一步完善，公路地质灾害风险评估、监测预警、应急响应、防治养护等方面的技

术水平将不断提高，但鉴于我国公路地质灾害具有种类多、发生频繁、影响范围广的特点，需要投入大量基层工作人员深入公路地质灾害现场对公路地质灾害进行调查识别、评价监测、应急抢险、防治养护等。要求参与人员熟悉并掌握公路地质灾害基本概念、地质灾害调查识别和防护工程养护方法等知识。

需积极开展防灾减灾文化宣传活动。组织工人现场观摩学习、举办专题知识讲座、设立宣传栏等方式，开展形式多样的防灾减灾文化宣传活动，大力推广普及防灾减灾知识和技能，开展有针对性的防灾减灾科普教育活动，充分发挥现代信息技术的优势，推动防灾减灾知识和政策法规宣教进基层。

目前行业内缺少针对公路地质灾害防治工程内容全面、深入浅出、图文并茂、专门的操作性手册，缺少针对不同层次、不同水平的基层管养人员从了解、熟悉、掌握三个角度阐述地质灾害防治工作应知应会的工具书，而本手册的编写将为推进公路地质灾害防治及养护转型、构建现代公路防治及管养体系、实行作业标准化、管养工程精准化、生产绿色化、人才队伍专业化提供有力的技术支撑。

# 第 2 章
# 公路地质灾害类型及特征

地质灾害是指在自然或者人为因素的作用下形成的，对人类生命财产、环境造成破坏和损失的地质作用（现象）。一般而言，形成地质灾害必须有三方面的条件：①诱发灾害的因素（如地震、降水、冻融、河流冲刷和人类活动）；②形成灾害的环境（如山区、岩溶地区、黄土地区等）；③灾害影响区有人类活动和社会财富分布（如各种建筑物、各种生活消费资料以及道路、桥梁、港口、机场、水库、公共设施等）。灾害灾情是这三者综合作用的结果。

按致灾地质作用的性质和发生处所进行划分，常见地质灾害共有 12 类、48 种。

（1）地壳活动灾害，如地震、火山喷发、断层错动等；

（2）斜坡岩土体运动灾害，如崩塌、滑坡、泥石流等；

（3）地面变形灾害，如地面塌陷、地面沉降、地面开裂（地裂缝）等；

（4）矿山与地下工程灾害，如煤层自燃、洞井塌方、冒顶、偏帮、鼓底、岩爆、高温、突水、瓦斯爆炸等；

（5）城市地质灾害，如建筑地基与基坑变形、垃圾堆积等；

（6）河、湖、水库灾害，如塌岸、淤积、渗漏、浸没、溃决等；

（7）海岸带灾害，如海平面升降、海水入侵、海崖侵蚀、海港淤积、风暴潮等；

（8）海洋地质灾害，如水下滑坡、潮流沙坝、浅层气害等；

（9）特殊岩土灾害，如黄土湿陷、膨胀土胀缩、冻土冻融、沙土液化、淤泥触变等；

（10）土地退化灾害，如水土流失、土地沙漠化、盐碱化、潜育化、沼泽化等；

（11）水土污染与地球化学异常灾害，如地下水质污染、农田土地污染、地方病等；

（12）水源枯竭灾害，如河水漏失、泉水干涸、地下含水层疏干（地下水位超常下降）等。

国务院颁发的《地质灾害防治条例》规定，地质灾害包括自然因素或者人为活动引发的危害人民生命和财产安全的山体崩塌、滑坡、泥石流、地面塌陷、地裂缝、地面沉降等与地质作用有关的灾害。

公路地质灾害是由地质作用引起或由人类工程活动导致公路周围地质环境条件恶化而引发的灾害。主要类型为崩塌、滑坡、泥石流、水毁、路基沉陷与塌陷等。

水毁是由强降水类自然灾害引发的公路基础设施受损，包括汛期的强降雨以及由此引发的山体滑坡、泥石流等地质灾害，是一种常见公路灾害。考虑其诱发因素为强降雨，表现形式为滑塌、崩塌及滑坡等，本手册将水毁作为公路地质灾害的一种类型进行介绍。

目前，地质灾害已成为严重威胁公路安全畅通的主要原因之一。正确认识公路地质灾害主要类型、成因及其危害性，是公路地质灾害防治的前提。

## 2.1 公路地质灾害主要类型及成因

我国疆域辽阔，是一个多山国家，山地面积约占国土总面积的65%，自然变异强烈，孕育灾害的环境地质条件复杂多变。公路沿线各种地质灾害的强弱、类型、分布是由公路通过地区的特殊条件所决定的，具有较明显的区域气象、地质环境、人类活动等特征。

结合我国公路实际情况，为了更好地服务于公路养护，本手册主要针对崩塌、滑坡、泥石流、水毁、路基沉陷与塌陷共五大类常见的典型公路地质灾害进行论述。

### 2.1.1 崩塌

崩塌指在重力和其他外力（如地震、水、风、冰冻等）共同作用下，岩土体从较陡的边坡上发生突然的、顺坡向下以垂直或翻滚运动形式为主的破坏现象。发生在土体中的崩塌称为土崩；发生在岩体中的崩塌称为岩崩，大规模的岩崩称为山崩；当崩塌发生在河流、湖泊或海岸上时，称为岸崩。

1）崩塌特征

（1）崩塌具有突发性，发生时间极短，即崩塌体的运动速度很快，一般能达到 5～200m/s。

（2）崩塌发生的规模差异较大，小到数立方厘米（落石如拳头），大到数亿立方米（山崩）。

（3）崩塌块体有大有小，也存在一定的分布规律。一般情况下，离山脚近的崩塌块体较小，离山脚远的崩塌块体较大。

（4）崩塌体的垂直运动距离远大于其水平运动距离。

2)崩塌分类

崩塌可根据块体大小、物质组成、移动形式和速度、失稳时的运动形式进行分类,具体见表 2-1。

崩 塌 分 类　　　　　表 2-1

| 分类依据 | 类型 | 特征描述 | 典型图片 |
|---|---|---|---|
| 块体大小 | 崩塌 | 崩塌多发生在坡度大于 70°的斜坡上。崩塌体与坡体的分离界面称为崩塌面,崩塌面往往就是倾角很大的界面,如节理、片理、劈理、层面、破碎带等。崩塌体的运动方式为倾倒、崩落。崩塌体碎块在运动过程中滚动或跳跃,最后在坡脚处形成堆积地貌——崩塌倒石锥 |  |
| | 落石 | 落石,即山体或其他高处的石块从陡崖或沿着斜坡快速滚落至地面或低洼处。落石的规模大小不一,时刻都在发生,是地形地貌变化的常态,但同时也对人类的生产生活造成威胁。落石是山崩的简单形态,超大数量规模或体积规模的落石会朝着泥石流、滑坡等程度演变 |  |
| | 碎落 | 斜坡表层岩土体在大气温度与湿度等的交替作用以及冲刷和重力作用下,岩(土)屑(块)不断沿斜坡滚落,堆积在坡脚的地质现象 |  |
| 物质组成 | 崩积物崩塌 | 山坡上已有的崩塌岩屑和沙土等物质,由于其质地很松散,当有雨水浸湿或受地震震动时,可再一次形成崩塌 |  |
| | 表层风化物崩塌 | 地下水沿风化层下部的基岩面流动,引起风化层沿基岩面崩塌 |  |

续上表

| 分类依据 | 类　型 | 特　征　描　述 | 典　型　图　片 |
|---|---|---|---|
| 物质组成 | 沉积物崩塌 | 部分由厚层的沉积物、冲击物或火山碎屑物组成的陡坡，由于结构松散，形成崩塌 | |
| | 基岩崩塌 | 在基岩山坡面上，常沿节理面、地层面或断层面等发生崩塌 | |
| 崩塌体的移动形式和速度 | 散落型崩塌 | 有大量裂缝的山坡、较软的岩石和坚硬岩石相混合的山坡，或由松散物质堆积而成的山坡，较易形成散落型崩塌 | |
| | 滑动型崩塌 | 崩塌体沿某一个面滑动，保持了整体形态，但是运动的垂直距离比水平距离大 | |
| | 流动型崩塌 | 与泥石流有相似之处，主要是由于松散沙石、泥土等遇水后发生流动，其运动的垂直距离比水平距离大 | |

续上表

| 分类依据 | 类型 | 特征描述 | 典型图片 |
|---|---|---|---|
| 失稳时的运动形式 | 倾倒 | 在河流峡谷区、冲沟地段或岩溶区等陡坡上，岩体以垂直节理或裂隙与稳定的母岩分开。通常坡脚遭受掏蚀，在重力作用下或有较大水平力作用时，岩体因重心外移倾倒产生突然崩塌 | 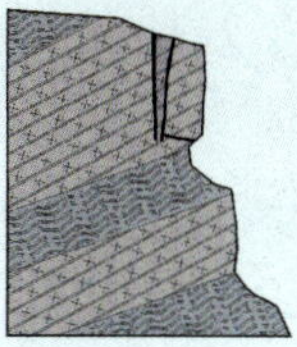 |
| | 滑移 | 临近斜坡的岩体内存在的软弱结构面倾向与坡向相同，则软弱结构面上覆的不稳定岩体在重力作用下具有向临空面滑移的趋势，称为滑移崩塌 |  |
| | 鼓胀 | 陡坡上存在较厚的软弱岩层，上部岩体重力产生的压应力超过软岩天然状态的抗压强度后软岩即被挤出，发生向外鼓胀。随着鼓胀的不断发展，不稳定岩体不断下沉和外移，同时发生倾斜，一旦重心移出坡外即产生崩塌 | 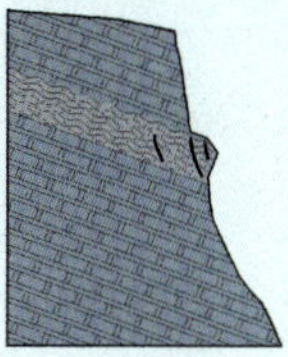 |
| | 拉裂 | 陡坡由软硬相间的岩层组成时，由于风化作用或河流的冲刷掏蚀作用，上部坚硬岩层在坡面上常常突悬出来。突出的岩体通常发育有构造节理或风化节理，在长期重力作用下，分离面逐渐扩展。一旦拉应力超过连接处岩石的抗拉强度，拉张裂缝就会迅速向下发展，最终导致突出的岩体突然崩落 | 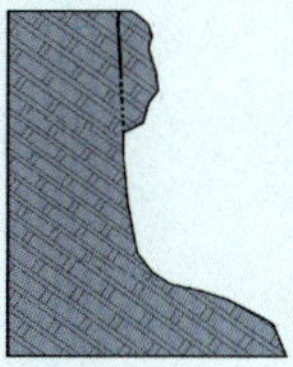 |
| | 错断 | 悬于坡缘的帽檐状危岩，后缘剪切面的扩展，剪切应力大于危岩与母岩连接处的抗剪强度时，长柱或板状不稳定岩体的下部被剪断，从而发生错断崩塌 | 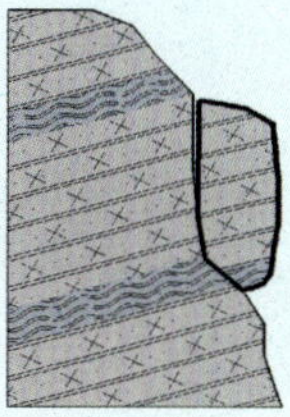 |

3) 崩塌成因

地形地貌、地层岩性和地质构造是崩塌的物质基础；降雨、地下水作用、振动力、风化作用以及人类活动对崩塌的形成和发展起着重要作用，见表 2-2。

崩 塌 成 因　　　　　　　　　表 2-2

| 成因类别 | 具 体 描 述 | 典 型 图 片 |
| --- | --- | --- |
| 地形地貌 | 从区域地貌条件看，崩塌多形成于山地、高原地区；从局部地形看，崩塌多发生在高陡斜坡处，如峡谷陡坡、冲沟岸坡、深切河谷的凹岸等地带。崩塌的形成要有适宜的斜坡坡度、高度和形态，以及有利于岩土体崩落的临空面。地形地貌条件对崩塌的形成具有最为直接的作用。崩塌多发生于坡度大于55°、高度大于30m、坡面凹凸不平的陡峻斜坡上 | |
| 地层岩性 | 不稳定岩土体是产生崩塌的物质条件。一般而言，各类岩、土体都可以形成崩塌，但类型不同，所形成崩塌的规模大小也不同 | |
| 地质构造 | 各种构造面，如节理、裂隙面、岩层界面、断层等为崩塌的形成提供脱离母体的边界条件。坡体中裂隙越发育，越易产生崩塌，与坡体延伸方向近于平行的陡倾构造面最有利于崩塌的形成 | |
| 地下水 | 边坡岩体中的地下水大多在雨季可以直接得到大气降水的补给，地下水和雨水的联合作用，使边坡上的潜在崩塌体更易于失稳。<br>降雨过程主要指特大暴雨、大暴雨、较长时间的连续降雨，这是出现崩塌最多的时间 | |
| 地震 | 地震时，地壳的强烈震动可使边坡岩体中各种结构面的强度降低，甚至改变整个边坡的稳定性，从而导致崩塌的产生。因此，在硬质岩层构成的陡峻斜坡地带，地震更易诱发崩塌 | |
| 人类活动的影响 | 因工程（或建筑场地）施工开挖坡脚，破坏了上部岩（土）体的稳定性，常引发崩塌。崩塌有的发生在施工中，以小型崩塌居多 | |

## 2.1.2 滑坡

滑坡指斜坡上的土体或者岩体，受河流冲刷、地下水活动、地震及人工切坡等因素影响，在重力作用下，沿着一定的软弱面或者软弱带，整体或分散地顺坡向下滑动的自然现象。滑坡俗称"走山""垮山""地滑""土溜"等，其变形机制是某一滑移面上剪应力超过了该面的抗剪强度所致。

滑坡灾害指以剪切破坏为主要形式的破坏，包括滑坡、滑塌、坍塌、路基滑移等。

滑塌是指上覆岩土体在重力作用下，沿着某一浅层软弱面或裂隙界面发生的整体下滑现象。滑塌与滑坡的区别是滑塌体厚度不大，主要发生在地表浅层，且呈牵引式逐渐滑塌。

坍塌是介于滑坡与崩塌之间的边坡破坏形式，多发生在土质边坡上，其力学机制仍是剪切破坏，破坏沿土体中安全系数最小的弧形面发生，破坏后可能还会产生新的破坏面而再次发生坍塌。

路基滑移是指路基下边坡在车辆荷载、地表水、地下水及坡脚河流冲刷等因素的影响下，沿路基内部填挖交界面等人工结构面发生的使路基剪切破坏的滑动现象。直接表现为路基局部高程明显低于设计高程或其他部位高程，路面出现圆弧状裂缝，防撞设施及挡墙等防护设施发生明显下沉和倾斜，严重影响公路的正常使用。

1）滑坡要素

滑坡要素：滑坡体（滑体）、滑坡壁、滑动面（滑面）、滑动带（滑带）、滑坡床（滑床）、滑舌、滑坡台阶、滑坡周界、滑坡洼地、滑坡鼓丘和滑坡裂缝（包括拉张裂缝、羽毛状裂缝、鼓胀裂缝及扇状裂缝），如图2-1、图2-2所示。

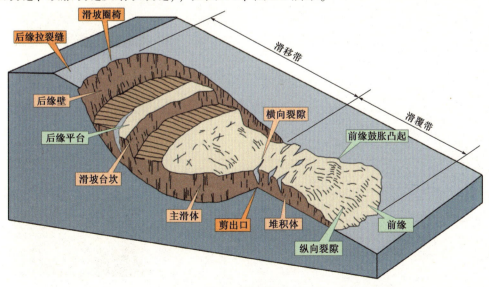

图2-1 滑坡要素

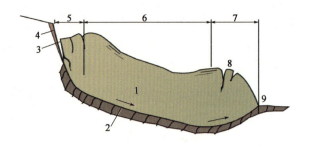

图 2-2 滑坡断面示意图

1-滑坡体；2-滑动带；3-滑坡主裂缝；4-滑坡壁；5-牵引段；6-主滑段；7-抗滑段；8-鼓胀裂缝；9-滑坡舌

2）滑坡分类

由于自然界的地质条件和作用因素复杂，各种工程分类的目的和要求又不尽相同，因而可从不同角度对滑坡进行分类。

（1）根据滑坡体的物质组成和结构形式等主要因素，可按表2-3对滑坡进行分类。

滑坡主要因素分类  表2-3

| 类型 | 亚类 | 特征描述 | 典型图片 |
|---|---|---|---|
| 堆积层（土质）滑坡 | 滑坡堆积体滑坡 | 由滑坡形成的堆积体，沿下伏基岩或滑坡体内滑动 | |
| | 崩塌堆积体滑坡 | 由崩塌形成的堆积体，沿下伏基岩或崩塌体内滑动 | |
| | 崩滑堆积体滑坡 | 由崩滑形成的堆积体，沿下伏基岩或崩滑体内滑动 | |
| | 黄土滑坡 | 由黄土构成，大多发生在黄土体中 | |
| | 黏土滑坡 | 由黏土构成，大多发生在黏土体中 | |

续上表

| 类型 | 亚类 | 特征描述 | 典型图片 |
|---|---|---|---|
| 堆积层（土质）滑坡 | 残坡积层滑坡 | 由花岗岩风化壳、沉积岩残坡积等构成，浅表层滑动 | |
| | 人工弃土滑坡 | 由人工开挖堆填弃渣构成，次生滑坡 | |
| 岩质滑坡 | 近水平层状滑坡 | 由基岩构成。沿缓倾岩层或裂隙滑动，滑动面倾角≤10° | |
| | 顺层滑坡 | 由基岩构成。沿顺坡岩层或裂隙面滑动 | |
| | 切层滑坡 | 由基岩构成。滑动面与岩层层面相切。常沿倾向坡外的一组软弱面滑动 | |
| | 逆层滑坡 | 由基岩构成。沿倾向坡外的一组软弱面滑动，岩层倾向山内，滑动面与岩层层面相切 | |
| 变形体 | 危岩体 | 由基岩构成。岩体受多组软弱面控制，存在潜在滑动面 | |
| | 堆积层变形体 | 由堆积体构成。以蠕滑变形为主，滑动面不明显 | |

（2）根据滑体厚度、运移方式、成因属性、稳定程度、形成年代和规模等其他因素，可按表2-4对滑坡进行分类。

滑坡其他因素分类　　　　　　　　　　表2-4

| 分类依据 | 类型 | 特征描述 | 典型图片 |
|---|---|---|---|
| 滑体厚度 | 浅层滑坡 | 滑体厚度在10m以内 | |
| | 中层滑坡 | 滑体厚度为10~25m | |
| | 深层滑坡 | 滑体厚度超过25m | |
| 运移方式 | 推移式滑坡 | 上部岩土体滑动，挤压下部产生变形，滑动速度较快，滑体表面波状起伏，多见于有堆积物分布的斜坡地段 | |
| | 牵引式滑坡 | 下部先滑动，使上部失去支撑而变形滑动。一般速度较慢，多具上小下大的塔式外貌，横向张性裂隙发育，表面多呈阶梯状或陡坎状 | |
| | 混合式滑坡 | 前部牵引，后部推移，综合作用触发的滑坡 | |
| 成因属性 | 工程滑坡 | 由于施工开挖山体或建筑物加载引起的滑坡。还可细分为：<br>工程新滑坡：由于开挖山体或建筑物加载所形成的滑坡；<br>工程复活古滑坡：久已存在的滑坡，由于"斩腰切脚"引起复活的滑坡 | |
| | 自然滑坡 | 由于自然地质作用产生的滑坡。按其发生的相对时代，可分为古滑坡、老滑坡、新滑坡 | |

续上表

| 分类依据 | 类型 | 特征描述 | 典型图片 |
|---|---|---|---|
| 稳定程度 | 活滑坡 | 发生后仍继续活动的滑坡。后壁及两侧有新鲜擦痕，滑体内有开裂、鼓起或前缘有挤出等变形迹象 | |
| | 死滑坡 | 发生后已停止发展，一般情况下不可能重新活动，坡体上植被较盛，常有居民点 | |
| 发生年代 | 现代滑坡 | 现今正在发生滑动的滑坡 | |
| | 老滑坡 | 全新世以来发生滑动，现今整体稳定的滑坡 | |
| | 古滑坡 | 全新世以前发生滑动，现今整体稳定的滑坡 | |
| 规模（滑体体积） | 小型滑坡（小型崩塌） | $<10 \times 10^4 \mathrm{m}^3$ （$<1 \times 10^4 \mathrm{m}^3$） | |
| | 中型滑坡（中型崩塌） | $10 \times 10^4 \sim 100 \times 10^4 \mathrm{m}^3$ （$1 \times 10^4 \sim 10 \times 10^4 \mathrm{m}^3$） | |
| | 大型滑坡（大型崩塌） | $100 \times 10^4 \sim 1\,000 \times 10^4 \mathrm{m}^3$ （$10 \times 10^4 \sim 100 \times 10^4 \mathrm{m}^3$） | |
| | 特大型滑坡（特大型崩塌） | $1\,000 \times 10^4 \sim 10\,000 \times 10^4 \mathrm{m}^3$ （$100 \times 10^4 \sim 1\,000 \times 10^4 \mathrm{m}^3$） | |
| | 巨型滑坡（巨型崩塌） | $>10\,000 \times 10^4 \mathrm{m}^3$ （$>1\,000 \times 10^4 \mathrm{m}^3$） | |

3）滑坡成因

滑坡成因分为内部因素和外部因素两个方面。内部因素有组成边坡岩土体的性质、地质构造、岩体结构、地应力等，常常起着主要的控制作用。外部因素有地表水和地下水的作用、地震、风化作用、人工开挖、爆破以及工程荷载等，其中地表水和地下水是影响边坡稳定最重要、最活跃的外部因素，其他大多起触发作用。具体见表2-5。

滑坡成因　　　　　　　　表2-5

| 成因类别 | | 具体描述 | 典型图片 |
|---|---|---|---|
| 内部因素 | 地形地貌条件 | 只有处于一定的地貌部位，具备一定坡度的斜坡，才可能发生滑坡。一般江、河、湖（水库）、海、沟的斜坡，前缘开阔的山坡、公路和工程建筑物的边坡等都是易发生滑坡的地貌部位。坡度大于10°、小于45°，下陡中缓上陡、上部成环状的坡形是产生滑坡的有利地形 | |

续上表

| 成因类别 | | 具体描述 | 典型图片 |
|---|---|---|---|
| 内部因素 | 岩土类型 | 一般来说，各类岩、土都有可能构成滑坡体，其中结构松散，抗剪强度和抗风化能力较低，在水的作用下其性质能发生变化的岩、土，如松散覆盖层、黄土、红黏土、页岩、泥岩、煤系地层、凝灰岩、片岩、板岩、千枚岩等及软硬相间的岩层所构成的斜坡易发生滑坡 | |
| | 地质构造条件 | 组成斜坡的岩、土体只有被各种构造面切割分离成不连续状态时，才有向下滑动的条件。同时，构造面为水流进入斜坡提供了通道。各种节理、裂隙、层面、断层发育的斜坡，特别是当平行和垂直斜坡的陡倾角构造面及顺坡缓倾的构造面发育时，最易发生滑坡 | |
| | 水文地质条件 | 地下水活动，在滑坡形成中起着主要作用。它的作用主要表现在：软化岩、土体，降低岩、土体的强度，产生动水压力和孔隙水压力，潜蚀岩、土体，增大岩、土体密度，对透水岩层产生浮托力等。尤其是对滑面（带）的软化作用和降低强度的作用最突出 | |
| 外部因素 | 自然因素 | 昼夜温差和季节的温度变化，使岩石风化，抗剪强度降低 | |
| | | 天旱干燥季节，使黏土层龟裂，雨水、地表水沿裂缝渗入；大气降水使斜坡土体湿化，重量增大，黏聚力降低，均能导致滑坡的产生；降雨、融雪的渗透水作用，是产生滑坡的最主要外因 | |
| | | 地表水冲刷、掏蚀、溶解和软化裂隙充填物；当水渗入不透水层时，接触面润湿，减少了摩擦力和黏聚力，促使滑坡产生 | |
| | | 水库、河道水流冲刷、潜蚀、掏蚀坡脚，河水涨落引起地下水位的升降，均能引起斜坡的失稳破坏 | |
| | | 地震使斜坡土石结构破坏，沿原有软弱面或新产生的软弱面滑动。由地震产生的裂缝和断崖，成为降雨和融雪的渗透通道，常引发较多的滑坡 | |

续上表

| 成因类别 | | 具体描述 | 典型图片 |
|---|---|---|---|
| 外部因素 | 人为因素 | 开挖边坡：修建公路工程，开挖边坡，使斜坡下部失去支撑，形成人工高陡边坡，导致滑坡发生 |  |
| | | 水库蓄、泄水与渠道渗漏：水库蓄水，浸润和软化岩土体，加大岩土体的静水压力、动水压力，增大坡体重度；水库泄水，水位急剧下降，加大了坡体的动水压力；渠道渗漏，增加了土体的浸润和软化作用，导致滑坡发生 | |
| | | 堆填加载：在斜坡上大量堆渣、弃渣、填土等，给斜坡增加了载荷，斜坡支撑不了过大的重量，失去平衡而诱发滑坡 |  |
| | | 采石、劈山放炮：采石、劈山放炮等强烈震动，使斜坡岩土体受震而松动，引发滑坡的发生 |  |
| | | 植被破坏：不适当的开垦农田，乱砍滥伐，破坏植被，易造成雨水入渗而引发滑坡 |  |

## 2.1.3 泥石流

泥石流是由水体作用（包括暴雨、冰川、积雪融化水、溃水等）产生在沟谷或斜坡上的一种水土（石）混合体在重力作用下沿坡面、沟谷流动的现象，是高浓度的固体和液体的混合颗粒流，它的运动过程介于山崩、滑坡和洪水之间，是自然因素（地质、地貌、水文、气象等）、人为因素综合作用的结果。

1) 泥石流活动特征

泥石流活动与山洪、滑坡等自然灾害相比，具有以下明显特征：

（1）区域性强。泥石流活动发生区域在山区，特别是地质构造活动强烈的山区。

（2）突发性强。泥石流具有暴发突然，运动快速（流速达 2.5～12m/s），持续时间短（全过程数分钟至数十小时）的特点。

（3）流动性强。一次泥石流运动过程往往产生多次甚至上百次阵流。

（4）直进性强。黏性泥石流惯性大，搬运能力大，具有相当强的直进性和爬高能力，破坏能力极大。

（5）分选性差。堆积物几乎无分选性，棱角明显，石块磨圆度差。

（6）周期性明显。泥石流活动具有重复性且有一定周期性（每一地区、每一条泥石流沟发生泥石流周期短的一年数次，长的数年或上百年一次）。

（7）重度变化范围大（1.3～2.3g/cm³）。

（8）固体物质粒度变化范围大（固体物质粒度由黏粒至上百立方米不等）。

2）泥石流的地貌特征

根据泥石流地貌特征，一般可分为形成区（包括清水动力区和固体物质补给区）、流通区和堆积区三部分。

（1）形成区多为三面环山的圈椅状凹地，有利于积雪和降水汇集，凹地内松散堆积物发育，沟谷呈鸡爪状，沿沟谷两侧常有坍塌、滑坡等发育。

（2）流通区为泥石流搬运通过区域段，沟槽较顺直，纵坡较大，断面呈"V"形或"U"形，伴随沟谷下切，岸坡常发生坍塌、滑坡。

（3）堆积区多位于山口平缓开阔地带，呈扇形或锥形，堆积物无分选或分选性差，颗粒大小混杂，粒径悬殊，大者可达数米，小为黏土颗粒，堆积物没有层理，可见泥包砾等现象。

典型的泥石流地貌特征如图 2-3 所示。

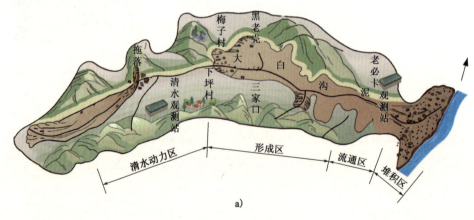

图 2-3

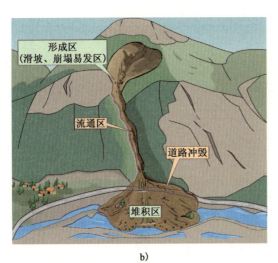
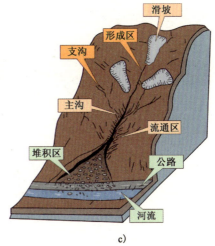

b)  c)

图 2-3 泥石流典型地貌特征

3) 泥石流的分类

泥石流可根据发育阶段、流域形态、组成物质和流体性质进行分类,详见表 2-6。

泥 石 流 分 类　　　　　　　　　表 2-6

| 分类依据 | 类　型 | 特征描述 | 典型图片 |
|---|---|---|---|
| 发育阶段 | 发育初期 | 沟床纵坡陡,上游沟床浅,下游呈"V"形。沟口泥石流扇面新鲜,无固定沟槽 |  |
| | 旺盛期 | 沟谷下切,侧蚀强,呈"V"形。沟床纵坡陡,且多急弯。常见泥石流堵沟。泥石流扇发育,扇面新鲜有漫流现象。峡谷河段泥石流扇可见被主河切割呈大块边滩或心滩的残迹 |  |
| | 间歇期 | 沟谷弯曲呈"U"形,沟床纵坡较缓,支沟较多,主沟内常见零星阶地。沟口泥石流扇陈旧,有的扇面已辟为耕地或建有村舍 |  |

续上表

| 分类依据 | 类型 | 特征描述 | 典型图片 |
|---|---|---|---|
| 流域形态 | 沟谷型 | 沟谷形态明显，一般呈上宽下窄葫芦形或勺形。支沟发育，下游呈"V"形。沟床纵坡一般在15°以内，有卡口、跌坎，沟床呈束放相间。沟内常发育滑坡、崩塌等现象，沟口堆积物呈扇形或带状，固体颗粒有一定磨圆 | |
| | 山坡型 | 沟床短、浅、陡，沟床纵坡与山坡坡度基本一致，一般无支沟，中、上游常发生有坡面侵蚀和崩塌现象，堆积呈锥形，固体粒粗大，棱角明显 | |
| 组成物质 | 泥流型 | 固体物质以细颗粒黏土和泥沙为主，混合较为均匀，浆体流变特性不再属于牛顿体的一种泥石流 | |
| | 水石型 | 固体物质以粗颗粒泥沙、石块为主，水沙呈分离状，浆体流变特性服从牛顿体的一种泥石流 | |
| | 泥石型 | 介于上述两种类型之间的一种泥石流类型。固体物质的级配差别很大，细颗粒物质和黏土物质含量视流域内土体储量产状而异，浆体流变特性则取决于黏土物质含量及性质 | |
| 流体性质 | 黏性泥石流 | 含大量黏性土的泥石流或泥流，水和泥沙、石块凝聚成一个黏稠的整体。其特征是黏性大、稠度大、石块呈悬浮状态，暴发突然，持续时间短，破坏力大，浮托力大。当泥石流在堆积区不发生散流时，将以狭长带状如长舌状一样向下奔泻和堆积 | |
| | 稀性泥石流 | 以水为主要成分，黏性土含量少，水为搬运介质，石块以滚动或跳跃的方式前进，其堆积物在堆积区呈扇状，堆积后往往形成"石海"。稀性泥石流在堆积区呈扇状散流，将原来的堆积扇切割成条条深沟 | |

4）泥石流的形成条件

泥石流的形成，必须同时具备三个基本条件：有利于储集、运动和停淤的地形地貌条件；有丰富的松散土石碎屑固体物质来源；短时间内可提供充足的水源和适当的激发因素。详见表 2-7。

**泥石流形成条件** 表 2-7

| 形成条件 | | 形成条件描述 |
|---|---|---|
| 地形地貌条件 | 沟谷形态 | 典型泥石流分为形成、流通、堆积等三个区，沟谷也相应具备三种不同形态。上游形成区地形多为三面环山、一面出口的漏斗状或树叶状，地势比较开阔，周围山高坡陡，植被生长不良，有利于水和碎屑固体物质聚集；中游流通区地形多为狭窄陡深的狭谷，沟床纵降降大，使泥石流能够迅猛直泻；下游堆积区地形为开阔平坦的山前平原或较宽阔的河谷，使碎屑固体物质有堆积场地 |
| | 沟床纵坡降 | 沟床纵坡降是影响泥石流形成、运动特征的主要因素。一般来讲，沟床纵坡降越大，越有利于泥石流的发生，但比降在 10%～30% 的发生频率最高，5%～10% 和 30%～40% 的其次，其余发生频率较低 |
| | 沟坡坡度 | 沟坡坡度是影响泥石流固体物质补给方式、数量和泥石流规模的主要因素。一般有利于提供固体物质的沟谷坡度，在我国东部中低山区为 10°～30°，固体物质的补给方式主要是滑坡和坡洪堆积土层；在西部高中山区多为 30°～70°，固体物质和补给方式主要是滑坡、崩塌和岩屑流 |
| | 集水面积 | 泥石流多形成在集水面积较小的沟谷，面积为 $0.5\sim10\text{km}^2$ 者最易产生，其次是小于 $0.5\text{km}^2$ 和 $10\sim50\text{km}^2$，发生在汇水面积大于 $50\text{km}^2$ 以上者较少 |
| | 斜坡坡向 | 斜坡坡向对泥石流的形成、分布和活动强度也有一定影响。阳坡和阴坡比较，阳坡上有降水量较多，冰雪消融快，植被生长茂盛，岩石风化速度快、程度高等有利条件，故一般比阴坡发育。如我国东西走向的秦岭和喜马拉雅山的南坡上产生的泥石流较之北坡多 |
| 物源条件 | 地质构造和地震活动强度的关系 | 地质构造越复杂，褶皱断层变动越强烈，特别是规模大、活动性强的断层带，岩体破碎，常成为泥石流丰富的固体物源。在地震力的作用下，不仅使岩体结构松散，且直接触发大量滑坡、崩塌。对岩体结构和斜坡的稳定性破坏尤为明显，可为泥石流发生提供丰富物源，这也是地震→滑坡、崩塌→泥石流灾害连环形成的根本原因 |
| | 与地层岩性的关系 | 地层岩性与泥石流固体物源的关系，主要反映在岩石的抗风化和抗侵蚀能力的强弱上。一般软弱岩性层、胶结成岩作用差的岩性层和软硬相间的岩性层比岩性均一和坚硬的岩性层易遭受破坏，提供的松散物质也多 |

续上表

| 形成条件 | | 形成条件描述 |
|---|---|---|
| 水源条件 | 降雨 | 降雨是我国大部分泥石流形成的水源，遍及全国20多个省（自治区、直辖市），主要有云南、四川、重庆、西藏、陕西、青海、新疆、北京、河北、辽宁等，我国大部分地区降水充沛，且具有降雨集中、多暴雨和特大暴雨的特点，这对激发泥石流起到重要作用 |
| | 冰雪融水 | 冰雪融水是现代冰川和季节性积雪地区泥石流形成的主要水源。当夏季冰川融水过多，涌入冰湖，造成冰湖溃决溢水而形成泥石流或水石流更为常见 |
| | 水库（堰塞湖）溃决溢水 | 当水库（堰塞湖）溃决，大量库水倾泻，下游存在丰富松散堆积土时，常形成泥石流或水石流 |

## 2.1.4 水毁

公路水毁指在洪水以及人类活动的综合作用下公路沿线所发生的一系列工程损毁现象及过程，是自然因素和不合理的人类活动作用下公路工程的破坏现象，其中水是公路水毁的关键致灾因素。

1）公路水毁类型

公路水毁类型很多，并且表现出不同的形态，具有不同的成因。根据水毁的成因可以分为以下几类，见表2-8。

公路水毁分类　　　　　　　　　表2-8

| 类型 | 亚类 | 特征描述 | 典型图片 |
|---|---|---|---|
| 沿河路基水毁 | 河湾路基凹岸冲刷 | 在沿河流弯道凹岸的路段，路基受弯道凹岸冲刷和对岸挑流顶冲。在水流冲刷作用下，这些路段路基边坡的坡脚掏空造成路基坍塌 | |
| | 河道压缩冲刷 | 在修建沿河公路时，由于人为侵占洪水河槽，或地形突变河道变窄、挤束水流，导致上游壅水严重、压缩段流速增大，对沿河路基产生冲刷，造成水毁 | |

续上表

| 类型 | 亚类 | 特征描述 | 典型图片 |
|---|---|---|---|
| 沿河路基水毁 | 河道压缩冲刷 | 在修建沿河公路时，由于人为侵占洪水河槽，或地形突变河道变窄、挤束水流，导致上游壅水严重、压缩段流速增大，对沿河路基产生冲刷，造成水毁 | |
| | 防护工程冲刷 | 防护工程冲刷破坏，导致沿河公路水毁。根据工程实际需要往往采用护坡、挡土墙、丁坝、护坦及其组合形式对沿河公路进行冲刷防护，但由于各种原因，常常导致防护结构物自身抗冲能力和基础埋置深度不足，从而发生水毁 | |
| | 洪水淹没路面，造成路基路面冲刷 | 路面设计高度不足或因公路压缩河道导致壅水高度过大，引起洪水漫溢路面，水流沿路线纵向冲刷，冲毁路面、路基或急速退水后，易造成路肩冲出缺口、路面沉陷开裂 | |
| | 浸泡 | 由于水流长期或间断性浸泡产生的水毁。沿河路基由于受到水的浮力、侧向压力及冲刷作用，形成水毁 | |
| | 冲击或撞击 | 洪水及所挟带泥沙或滚石的冲击或撞击超过一定限度时，会导致路基和防护工程毁坏 | |
| 小桥涵冲毁或堵塞 | | 小桥涵与路基相连，其排水输沙能力不足时，造成大颗粒泥沙沉积并堵塞涵洞，使洪水漫溢路面，而冲毁路面和路基；小桥涵的涵位、进出口设计不当，水流不能顺畅排出，导致小桥涵局部或整体被冲毁后，形成两端路基水毁 | |
| | | 小桥涵冲刷防护及铺砌加固不完善，导致小桥涵或路基水毁 | |

2) 水毁成因

公路水毁是众多因素综合作用的结果，其影响涉及区域地质条件、地形地貌特征、气象水文条件、公路等级等诸多方面。历年公路水毁统计资料表明，短历时强降雨及长时间持续降雨造成的水毁占大多数。汛期，特别是主汛期，与公路水毁发生具有很好的相关性。由此可见，区域气候类型、降水量和暴雨特征以及水文因素（如水系状况、河道特点、洪水特征等）对于水毁时空分布规律的影响比较显著。公路水毁的成因见表2-9。

公路水毁成因　　　　　　　　　表2-9

| 成因类别 | | 具体描述 | 典型图片 |
|---|---|---|---|
| 暴雨、洪水 | | 暴雨、洪水是公路水毁的主要因素。暴雨引起河流流量和水流流速增加，水位上升，水流冲刷强度和挟沙能力显著提高，对公路结构物造成不同程度的冲刷和淹没破坏，洪水持续时间越长，对公路造成的威胁和损失越大 | |
| 河流特征 | 河流形态 | 河流形态（包括断面形态和平面形态等）对沿河公路水毁的影响主要是改变水流的边界条件，导致水流对路基的不利作用。具体表现为：河流弯道导致凹岸冲刷；河流断面压缩使得上游壅水过高淹没路基路面，并导致压缩断面的集中冲刷；地形变化引起水流方向改变而对路基产生顶冲或斜冲；河底出现明显跌坎的下游水流流速突然增大等 | |
| | 河床质 | 河床质是组成河床的固体物质。以基岩、巨石、大漂石为主的河床，因水流速度大，流动变化剧烈，具有十分强烈的冲击力，易造成沿河公路、桥梁及防护工程冲毁；河床质以卵石、砂及细颗粒泥沙为主的河床，因河流较宽、水流速度有所减小，且水位较低，变化较为平缓，造成沿河公路水毁主要为坡脚冲刷等 | |
| 降雨汇流 | 公路沿线流域地形地貌 | 若公路沿线区域范围内地形总体较陡，流域面积较大，极易造成雨水汇流速度加快，导致严重的公路水毁。山区公路山高沟深，沟壑纵横，路线大多依山傍水，路基多半填半挖，边坡坡度较陡，使汛期洪水汇流速度加快，易造成公路水毁。若区域山体、边坡岩土体松散破碎，稳定性较差，则易引起由暴雨诱发的崩塌、滑坡、泥石流等地质灾害，间接加剧公路水毁程度 | |
| | 植被条件 | 沿河公路所在流域内的植被类型及其覆盖程度，对于流域汇流影响显著。通过流域蓄渗，植被能缓和暴雨对地表的冲击，减缓径流形成、减少径流量。随着植被覆盖率的提高，公路水毁的范围和程度呈下降的趋势 | |

续上表

| 成因类别 | | 具体描述 | 典型图片 |
| --- | --- | --- | --- |
| 人类活动 | 人为破坏植被环境等条件 | 乱砍滥伐，不合理开挖山体，河道过度采砂以及河道内随意弃物 | 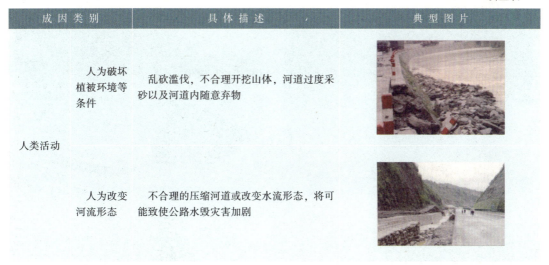 |
| | 人为改变河流形态 | 不合理的压缩河道或改变水流形态，将可能致使公路水毁灾害加剧 | |

## 2.1.5 路基沉陷与塌陷

公路路基沉陷是指路基在土体自重、外部荷载和水的作用下产生的沉降变形量超过允许值的现象。可引起局部路段的破坏，影响交通。路基沉陷的主要特征是路基局部高程降低，路面出现大量裂缝，严重时可能伴有边坡的滑塌或路肩墙等结构物的破坏。

公路塌陷是指公路范围内松散土层中所产生的突发性断裂陷落，包括岩溶塌陷、采空区塌陷、黄土陷穴等。岩溶塌陷多发生于岩溶地区，与我国喀斯特地貌的分布范围基本重合；采空区塌陷的分布和我国煤炭资源的分布及开采情况有密切关系；黄土陷穴主要分布在陕北黄土高原等地。另外，山区沿河公路受洪水或暴雨过后的严重水流冲刷，容易发生水毁路基的现象，造成路基沉陷和塌陷。

1）路基沉陷与塌陷类型

（1）按沉陷反映在路面上的形态划分为不均匀下沉、局部沉陷、整体下沉（图2-4）。

图2-4　路基整体下沉

（2）按沉陷部位划分为路基沉陷、地基沉陷（图2-5）。

图 2-5　路基局部沉陷

2）路基沉陷与塌陷成因

（1）地基土质类型和地形条件

公路路基主要有填方路基、挖方路堑、半填半挖路基等三种形式，填方路基又分为高填方路基和一般填方路基。但填土路基不论填筑高度的大小，其沉陷均由两部分组成：一是新填筑路基下的地基在自重压力或附加压力作用下的沉陷；二是新填土的自沉（图2-6）。

图 2-6　填土路基沉陷

当工程地质条件不良，土层比较软弱，特别是在泥沼地段、流沙和垃圾以及其他劣质土地段填筑路堤时，若填筑前未经换土或压实不足，则填筑完成后，原地面土体易产生压缩下沉或挤压位移造成路基沉陷。

地基中土层的厚度对路基沉陷有一定的影响，若土层较厚，则发生路基沉陷的可能性大；若土层较薄，发生沉陷的可能性小。

山区公路受地形条件等的限制，常见半填半挖路基和陡坡路基，填土厚度不均造成差异沉降，引起路基沉陷（图2-7）。以路基形式通过沟谷时，沟谷中心往往填土高度最大，向两端逐渐降低，在路基横断面上，往往上侧填土高度小于下侧。

图 2-7 半填半挖路基沉陷

（2）地下水

路基或地基中地下水的动态变化及潜蚀作用影响土体中有效应力分布、土体的结构特征和强度，对路基不均匀沉降影响很大。

在地下水的交替作用下，路基土体内含水率、土体重度在一定范围内变化，再加上水的软化作用，可以使土体产生沉降变形，发生路基沉陷。

（3）路基填料的高度和类型

路基填土高度对路基沉陷有重要影响。填土越高，土体越难迅速完成固结，对地基的荷载也越大，发生路基沉陷的可能性越大。

填土性质较差（如湿陷性黄土、崩滑流堆积物等）将导致压缩性增大，在路基施工和运营期间产生路基沉陷。

（4）降水

雨水入渗可使路基中的细颗粒流失，并使土中应力状态发生变化，导致路基沉陷。若路基坡脚排水设施被淤堵，或未设置排水设施，水滞留在路界范围，长时间浸泡路基，水渗透到路基填土内部，造成路基变软，引起下沉（图2-8）。

图 2-8 雨水浸泡引起的路基沉降

(5) 人为因素

压实度是控制路基质量的一个重要指标。路基施工时，因设计、施工工艺与质量管理、填料以及排水措施等各种原因造成的路基压实度不够或压实不均匀，为路基沉陷留下了隐患。

(6) 基底塌陷

在黄土暗穴分布区、采空区、岩溶区等地区修筑公路时，若地基未经处理或处理不当，地基下伏空洞或软弱区的上方岩土体在行车荷载、地表工程活动或地下工程活动、水体蓄渗抽排等的作用下，由于不能承受地表荷载（包括路基自重作用）而失去平衡、突然塌陷（图 2-9），直接或间接影响公路工程的稳定性和整体性。

图 2-9　基底塌陷

## 2.2　我国公路地质灾害特征

我国山地丘陵区约占国土面积的 65%，地质条件复杂，构造活动频繁，崩塌、滑坡、泥石流、地面塌陷、地裂缝、地面沉降等灾害隐患多、分布广、防范难度大，是世界上地质灾害最严重、受威胁人口最多的国家之一。尤其是西部山区和中东部地形地质条件复杂的地区。截至 2015 年底，全国有地质灾害隐患点 288 525 处，其中崩塌 67 478 处，滑坡 148 214 处，泥石流 31 687 处，其他地质灾害合计 41 146 处，共威胁 1 891 万人和 4 431 亿元财产的安全。"十二五"期间，全国共发生地质灾害 64 521 起，造成 2 008 人死亡或失踪，1 317 人受伤，直接经济损失 273.4 亿元。地质灾害造成的人员死亡失踪年平均 400 人左右。

由于极端天气气候事件频发，东南、华南沿海极易遭受强台风袭击，降水在时间空间上分布极不均匀，高强度地震活动频繁，各类工程活动对地质环境影响增大。未来一段时期内，地质灾害仍将呈高发频发态势，地质灾害防治工作面临的形势依然严峻。

## 2.2.1 我国公路地质灾害分布特征

我国疆域辽阔,自然变异强烈,孕育地质灾害的环境条件复杂多变。公路是建设在自然环境中的带状建筑物,受所通过地区环境条件的制约。不同地区公路工程的特点各不相同,因此公路沿线遭遇各种地质灾害的强弱、类型、分布都是由公路通过地区的特殊条件所决定的,具有较明显的区域气象、地质环境、人类活动等特征。

1) 我国公路地质灾害区域分布特征

公路地质灾害与全国地质灾害区域分布特征基本一致。中国地质灾害的区域变化具有比较明显的方向性,即从西向东、从北向南、从内陆到沿海地质灾害趋于严重。不同类型、不同规模的地质灾害几乎覆盖了中国大陆的所有区域,但由于人类活动和社会经济条件的差异,使不同地区地质灾害的发育程度和破坏程度显著不同。

崩塌、滑坡、泥石流灾害主要分布在西部高原山地,中部高山及平原过渡地带和东部沿海地区;公路岩溶塌陷主要分布在西南山区和部分北部山地丘陵区岩溶强及中等发育的覆盖型碳酸盐岩地区;水毁、路基塌陷主要分布在平原地区和沿河路段;公路采空区塌陷主要分布在黑龙江、山西、安徽、江苏、山东等省。将自然资源部门的县(市)地质灾害调查成果数据与地质灾害易发分区图与国家公路网进行叠加得出我国公路地质灾害区划表(表2-10),各公路自然区划的地质灾害分布特征见表2-11。

**我国公路地质灾害区划** 表2-10

| 等级 | 分区名称 |
|---|---|
| Ⅰ 极重灾区 | $I_1$ 武夷山—台湾山地极重灾区 |
|  | $I_2$ 川滇山地极重灾区 |
| Ⅱ 重灾区 | $II_1$ 南岭、云贵高原东部山地重灾区 |
|  | $II_2$ 长白山山地重灾区 |
|  | $II_3$ 祁连山—秦岭—青藏高原东南部山地重灾区 |
|  | $II_4$ 天山—昆仑山山地重灾区 |
| Ⅲ 中灾区 | $III_1$ 长白山北部—大、小兴安岭—太行山—秦岭东部山地中灾区 |
|  | $III_2$ 青藏高原中北部高原中灾区 |
|  | $III_3$ 四川盆地丘陵中灾区 |
| Ⅳ 微灾区 | $IV_1$ 华北平原—长江中下游平原微灾区 |
|  | $IV_2$ 东北平原微灾区 |
|  | $IV_3$ 内蒙古高原—准噶尔、塔里木和柴达木盆地微灾区 |

### 我国公路自然区划及灾害分布特征  表2-11

| 代号 | 一级区名 | 地势阶梯 | 新构造特征 | 二级区名（包括副区） | 主要自然灾害 |
|---|---|---|---|---|---|
| I | 北部多年冻土区 | 东部1 000m等高线两侧 | 大面积中等或微弱上升，差异运动不大 | $I_1$ 连续多年冻土区 | 冻胀、雪害、冰锥、冰丘、涎流冰、翻浆等 |
| | | | | $I_2$ 岛状多年冻土区 | 冻胀、翻浆、雪害、冰锥、冰丘、涎流冰等 |
| II | 东部温润季冻区 | 东部1 000m等高线以东 | 大面积下降，差异运动强弱不一 | $II_1$ 东北东部山地湿润冻区 | 雪害、冻胀、翻浆、水毁 |
| | | | | $II_{1a}$ 三江平原副区 | 冻胀、翻浆、雪害 |
| | | | | $II_2$ 东北中部山前平原重冻区 | 冻胀、翻浆 |
| | | | | $II_{2a}$ 辽河平原冻融交替副区 | 冻胀、翻浆、水毁 |
| | | | | $II_3$ 东北西部润干冻区 | 翻浆、盐碱、风沙、泥石流 |
| | | | | $II_4$ 海滦中冻区 | 冻胀、翻浆、水毁、地震 |
| | | | | $II_{4a}$ 冀北山地副区 | 地震、泥石流、水毁、潜流、冻胀、涎流冰 |
| | | | | $II_{4b}$ 旅大丘陵副区 | 水毁 |
| | | | | $II_5$ 鲁豫轻冻区 | 泥泞、水毁，鲁西南有地震 |
| | | | | $II_{5a}$ 山东丘陵副区 | 水毁，泥石流，个别地区有地震 |
| III | 黄土高原干湿过渡区 | 东部1 000m等高线以西，西南3 000m等高线以东 | 大面积上升，幅度不大，夹有长条形中等沉降 | $III_1$ 山西山地、盆地中冻区 | 翻浆、冲沟、泥石流 |
| | | | | $III_{1a}$ 雁北张宣副区 | 翻浆、泥石流、水毁 |
| | | | | $III_2$ 陕北典型黄土高原中冻区 | 冲沟、湿陷、黄土溶洞 |
| | | | | $III_{2a}$ 榆林副区 | 冲沟、湿陷、风沙、翻浆 |
| | | | | $III_3$ 甘东黄土山地区 | 冲沟、湿陷、滑坡、泥石流、地震 |
| | | | | $III_4$ 黄渭间山地、盆地轻冻区 | 冲沟、湿陷，局部有泥石流 |
| IV | 东南湿热区 | 东部1 000m等高线以东 | 大部分地区上升，局部地区下降，差异运动微弱 | $IV_1$ 长江下游平原润湿区 | 泥泞、湿地和软土病害 |
| | | | | $IV_{1a}$ 盐城副区 | 泥泞、湿地和软土病害 |
| | | | | $IV_2$ 江淮丘陵、山地润湿区 | 水毁、滑坡 |
| | | | | $IV_3$ 长江中游平原中湿区 | 泥泞、冲刷、路基强度较低 |
| | | | | $IV_4$ 浙闽沿海山地中湿区 | 台风、水毁，局部有泥石流和软土 |
| | | | | $IV_5$ 江南丘陵过湿区 | 水毁为主，其次崩塌、土流 |
| | | | | $IV_6$ 武夷南岭山地过湿区 | 滑坡、崩塌、溶洞、水毁 |
| | | | | $IV_{6a}$ 武夷副区 | 崩塌、滑坡 |
| | | | | $IV_7$ 华南沿海台风区 | 台风、水毁、塌方 |

续上表

| 代号 | 一级区名 | 地势阶梯 | 新构造特征 | 二级区名（包括副区） | 主要自然灾害 |
|---|---|---|---|---|---|
| Ⅳ | 东南湿热区 | 东部 1 000m 等高线以东 | 大部分地区上升，局部地区下降，差异运动微弱 | $Ⅳ_{7a}$ 台湾山地副区 | 台风、水毁、泥石流、地震 |
| | | | | $Ⅳ_{7b}$ 海南岛西部润干副区 | 中级路面松散扬尘 |
| | | | | $Ⅳ_{7c}$ 南海诸岛副区 | 台风、海水进退 |
| Ⅴ | 西南潮暖区 | 东部 1 000m 等高线以西，西南 3 000m 等高线以东 | 大面积中等上升，差异运动强弱不一 | $Ⅴ_1$ 秦巴山地润湿区 | 崩塌、滑坡、泥石流、地震 |
| | | | | $Ⅴ_2$ 四川盆地中湿区 | 泥泞、滑坡、泥流 |
| | | | | $Ⅴ_{2a}$ 雅安、乐山过湿副区 | 泥泞、滑坡、崩塌 |
| | | | | $Ⅴ_3$ 三西、贵州山地过湿区 | 岩溶、山洪、泥石流、滑塌 |
| | | | | $Ⅴ_{3a}$ 滇南、桂西润湿副区 | 岩溶、土洞、地震 |
| | | | | $Ⅴ_4$ 川、滇、黔高原干湿交替区 | 滑坡、水毁、泥石流、地震 |
| | | | | $Ⅴ_5$ 滇西横断山地区 | 崩塌、滑坡、泥石流、地震 |
| | | | | $Ⅴ_{5a}$ 大理副区 | 崩塌、滑坡、泥石流、地震 |
| Ⅵ | 西北干旱区 | 东部 1 000m 等高线以西，西南 3 000m 等高线以北 | 大面积或长条形上升与盆地下降相同 | $Ⅵ_1$ 内蒙古草原中干区 | 东北部积雪阻车，大青山南翻浆，西部风沙、盐碱 |
| | | | | $Ⅵ_{1a}$ 河套副区 | 翻浆、泥泞 |
| | | | | $Ⅵ_2$ 绿洲—荒漠区 | 风沙、盐碱、翻浆、扬尘 |
| | | | | $Ⅵ_3$ 阿尔泰山地冻土区 | 雪害、冻胀 |
| | | | | $Ⅵ_4$ 天山—界山山地区 | 现代冰川、风害、雪害、泥石流 |
| | | | | $Ⅵ_{4a}$ 塔城副区 | 翻浆、雪害 |
| | | | | $Ⅵ_{4b}$ 伊犁河谷副区 | 翻浆、扬尘 |
| Ⅶ | 青藏高寒区 | 西南 3 000m 等高线以西、以南 | 大面积强烈上升，差异运动显著 | $Ⅶ_1$ 祁连—昆仑山地区 | 现代冰川、泥石流、地震 |
| | | | | $Ⅶ_2$ 柴达木荒漠区 | 风沙、盐碱、盐盖 |
| | | | | $Ⅶ_3$ 河源山草甸区 | 雪害、冻胀、热熔、热熔湖、塘、冰锥、冰丘、泥石流 |
| | | | | $Ⅶ_4$ 羌塘高原冻土 | 现代冰川、雪害、冻胀区 |
| | | | | $Ⅶ_5$ 川藏高山峡谷区 | 海拔 4 000m 以上冻胀、雪害、软土沉陷，4 000m 以下泥石流、崩塌、地震 |
| | | | | $Ⅶ_6$ 藏南高山台地区 | 现代冰川、雪害、崩塌、泥石流、地震 |
| | | | | $Ⅶ_{6a}$ 拉萨副区 | 现代冰川、雪害、崩塌、泥石流、地震 |

2）公路地质灾害具有季节性、突发性与永久性、周期性与不重复性、群发性等特征

地质灾害暴发（特别是泥石流和水毁）受连续降雨、暴雨尤其是特大暴雨等集中降雨的激发。泥石流发生的时间规律与集中降雨的时间规律一致，具有明显的季节性。

地质灾害具有突发性与永久性，大部分地质灾害是在短暂时间内发生的，仅在几秒内就可造成惨重损失，如地震。但就地质灾害现象而言，它具有永久性，灾害因人存在而产生和变化，只要有人类存在，灾害就不会消失。

地质灾害具有周期性与不重复性，大部分地质灾害具有周期性或准周期性，其周期长短不等。地质灾害往往在同一阶段集中出现，形成各种灾变期，并存在各种时间尺度，有群发的特点，但不会简单重复。

地质灾害具有群发性和相关性，往往形成灾害体系或灾害链。许多地质灾害不是孤立发生或存在的，前一种灾害的结果，可能是后一种灾害的诱因，或是灾害体系或灾害链的某一个环节。

3）公路地质灾害与公路等级具有相关性

高等级公路由于建设标准高，资金投入大，设防等级较高，对抗洪、防护、排水以及特殊地质等问题处理较为系统完善，公路的整体抗灾能力较强。低等级公路由于建设标准低，资金投入少，设防等级较低，路线线形大多顺地形布置，公路的整体抗灾能力较弱。如川藏公路，修建时受当时的历史条件和技术条件限制，沿线大部分路段采用低线位布设，构造物设计标准低，抗灾能力差，加之特殊的地质地理条件，是我国乃至世界上灾害最为严重的公路，据统计，全线共有 2 217 处直接威胁公路运营安全的地质灾害，影响路线总长度为 415.2km，平均每公里有灾害点 1.12 处，危害长度达 209.23m/km。

4）公路地质灾害损失具有区域差异性

公路地质灾害造成的损失综合反映了一个时期的建设和管理水平。除了与公路地质灾害类型、规模、强度以及区域环境等因素有关外，还与公路周边人文环境、公路运输的交通量、公路等级、建设时的科技水平和经济技术政策、运营管理条件与水平、防灾措施和应急抢险等工作有关。东部和南部地区，人类活动频繁，区内人口稠密，城镇及大型工矿企业、骨干工程密布、路网密布、交通量较大，一旦发生地质灾害则损失惨重。而西部、北部地区，虽然地质灾害分布十分广泛，但大部分地区人口密度和经济发展程度低，所以危害和破坏程度相对较低。

## 2.2.2 公路地质灾害的危害性特征

公路地质灾害对公路的危害主要以两种形式体现：一种是对公路安全运行造成危害，毁坏公路设施，造成公路瘫痪，或影响公路使用功能；另一种是潜在的威胁，公路设施虽

然未被彻底毁坏、公路未瘫痪,但已出现将发生灾害性破坏的现象与迹象,如放任其发生将对公路的安全运营带来极大的危害。

(1) 导致公路结构物整体或局部的强度和稳定性不能满足正常的通行要求,危及行车、行人安全,甚至中断交通、车毁人亡。

2008年7月25日凌晨,中国与尼泊尔经贸往来的"黄金通道"——中尼公路,发生自1965年建成通车以来最大的一次山体滑坡($340\,000\,\text{m}^3$)(图2-10),造成400多辆汽车受阻,公路断通达一月之久。

2008年11月7日,贵州省黄平县重安江镇合家村凯(里)施(秉)旅游公路上,一巨石从山上滚落砸向公路(图2-11),把正在路过的当地一位63岁的男性村民砸死。事故原因是由于持续降雨,引发地质灾害,山上巨石滚落造成。

图2-10　中尼公路滑坡

图2-11　贵州凯(里)施(秉)旅游公路落石

2015年1月4日下午,遵赤高速公路习水境内二郎段发生边坡塌方(图2-12),造成1辆车被埋,车内死亡3人,同时双向交通中断。

2016年3月8日13时许,乐山市交委党组成员、市公路局局长王川等一行7人,实地踏勘峨(边)马(边)路,突然遭遇山体垮塌(图2-13),垮塌岩体方量约为$160\,\text{m}^3$,所乘2辆越野车均被垮塌岩体掩埋,7名同志不幸全部遇难。

图2-12　遵赤高速公路习水境内二郎段边坡塌方

图2-13　马边县103省道K326+400处山体垮塌

（2）地质灾害发生以后，既造成路产破坏、带来巨大的直接经济损失，又因断通带来巨大的间接经济损失。公路地质灾害给公路交通造成的经济损失十分惊人。据不完全统计，近十年来我国公路基础设施每年因地质灾害造成的直接经济损失达数十亿元（图2-14），间接经济损失也很大。

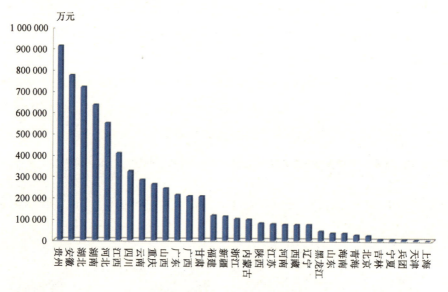

图 2-14　2016 年全国公路地质灾害损失情况

2009 年 8 月 6 日晚 23 时 30 分左右，汉源县顺河乡境内省道 306 线改线 K73+50～K73+347 段公路内侧边坡发生一起重大高位崩滑灾害（图2-15），造成 2 人死亡，29 人失踪，18 人受伤（其中重伤 10 人），直接经济损失 1.3 亿元。

2015 年 9 月 30 日，国道 213 线四川省茂县段七星关发生崩塌（图2-16），造成道路中断，由于该公路是通往九寨—黄龙沿线的交通生命线，据当地政府统计，至 2016 年 4 月上旬通车，断通造成间接经济损失约 15 亿元。

图 2-15　汉源县顺河乡境内省道 306 线改线 K73+50～K73+347 段高位崩滑

图 2-16　国道 213 线四川省茂县段七星关崩塌

(3) 特大自然灾害发生以后，地质灾害造成公路交通受阻，给灾后救援工作带来巨大困难。

我国处于环太平洋地震带和喜马拉雅地震带，全国有 2/3 的大中城市处于Ⅶ度以上的高烈度区，多条公路干线工程分布在地震带上，公路工程抗震能力较弱，仅在 1970—1990 年的 20 年中，地处我国南北强震带的云南省，发生 7 级以上地震 6 次，造成 1.8 万人死亡，1 000 多公里公路严重损坏，直接经济损失超过 50 亿元。地震发生后，引发大量地质灾害，而恶劣的天气使空中支援受到限制，公路交通作为"生命线"工程，交通通畅关系抢险救灾的各个环节。交通一旦受阻，将严重影响灾区生活必需品、救援人员和救援物资等的及时、高效到达，影响救灾，进而造成人们心理紧张，缺乏安全感，影响社会稳定。

一次突发的强降雨过程，可能在短时间内导致山区沿河路段几十公里、上百公里出现多处水毁，同时崩塌、滑坡、泥石流等边坡灾害也会密集发生，很容易造成区域交通受阻中断、人员车辆被困，对抢险工作和交通疏导，带来很大的困难。

2015 年 7 月中旬至 8 月中旬，四川省泸州市多次遭受暴雨袭击，导致部分路段山洪暴发，境内国道 G321 线、省道 S309 线和多条重要县乡公路严重受损。G321 线 K1754+300～K1754+800 处，洪水淹没公路长度约 500m，深达 2m。S309 线古高路叙永县境内 K161～K167 多处塌方或被水淹没，古蔺县境内 K90+700 处山体滑坡约 100 000m³，造成交通中断 36 天。X010 线两高路路基严重损毁长度约 7.2km，路面冲毁约 260 000m²，中断交通。

# 第 3 章

# 公路地质灾害调查与识别

公路地质灾害的预防和治理是公路养护工作的重点之一，因此要熟悉调查识别的要点，为后续的治理应急处置提供基础数据。

## 3.1 公路地质灾害调查

公路地质灾害调查主要查明路域范围内地质灾害隐患点分布情况、发育特征及威胁程度；判定致灾体的稳定状态和发展趋势；提出防治措施。

公路地质灾害调查可以分为历史调查和现状调查，也分为灾前、灾中和灾后调查。根据调查任务和目的的不同，调查层次也不同，包括日常巡查、定期检查、定点监测、试验观测、专业技术调查、上级巡视以及应急救灾等。

### 3.1.1 调查技术要求

地质灾害调查应在充分收集、利用已有资料的基础上进行。收集资料内容包括与地质灾害形成条件相关的气象水文、地形地貌、地质构造、区域构造、第四纪地质、水文地质条件、生态环境以及人类活动等。

地质灾害调查主要包括崩塌、滑坡、泥石流、水毁、路基沉陷与塌陷等地质灾害隐患点，调查公路地质灾害或潜在灾害的发生范围、规模、类型、破坏方式及与线路的关系、交通状况等。

已发生灾害的历史调查，主要包括位置、规模、发生时间、地形地貌、气象水文、地质条件，灾害的性质、形成原因和工程治理情况，以及地质灾害历史等。

已发生灾害的现状调查主要结合历史调查并侧重于灾害目前状况和灾害迹象的客观

描述。

1）工程地质条件

需要收集的工程地质基础资料主要是公路沿线及地质隐患点的岩土类型、地形地貌（如地形特征、地貌类型等）、区域地质（如地层、地质构造等）、地下水、地震，以及特殊地质、不良地质条件等。对于一些特殊地段还需做岩、土体性质调查，了解岩、土体吸水性、透水性、遇水软化程度、强度等。

2）气象水文条件

主要包括：当地气象资料、流域降水量、汛期分布、平均气温、河流水系等。

3）公路网条件

主要包括：公路网布设的区域特点，公路交通规划，公路网密度，各等级公路在区域路网中所占比例，防护等级及效果，主要公路地质灾害及其造成的路产损失、人员伤亡等。

路基填料、压实度、路基（桥涵）形式，以及防护工程、排水设施的类型、尺寸，砌筑材料强度、数量（规模）、布设位置，防护工程基础埋深及其布设的经济性、完善性、合理性等。

4）流域植被条件

主要包括：植被类型、分布规律及覆盖率等。

5）灾害区域特征

主要包括：历史地质灾害资料及其规律性，灾害的类型、时空分布、强度等级等。

6）灾害发生的自然和社会环境

主要包括：所处地区的地形地貌，降水量，地震烈度，公路等级及交通量，灾害体与线路的关系，交通中断后的替代通行方式及选择路线，附近相关的工程活动等。

## 3.1.2 调查的方法及步骤

1）调查方法

调查方法主要包括：资料收集、地面调查等。收集各种有参考价值的勘察资料、航摄资料、基础数据和图件照片；向当地熟悉情况的人做访问调查；采用仪器进行测量，必要时进行挖探钻探、地球物理勘探；认真做好拍照或摄影记录等工作。坡高路陡人不易到达的部位，辅以无人机航拍、三维激光扫描等手段。

2）调查工具

无人机、三维激光扫描仪、手持GPS、数码相机、摄像机、地质锤、洛阳铲、地质罗盘、皮尺、记录本、笔等（图3-1）。

第 3 章 公路地质灾害调查与识别

a) 三维激光扫描仪　　　　　b) 无人机

c) 卷尺　　　　　d) 地质罗盘

e) 地质锤　　　　　f) 放大镜

图 3-1　地质调查工具

3) 调查步骤

首先应明确主要调查对象和范围，进行现场观察，再对灾害点及其地质环境进行测量和记录（图 3-2）。例如滑坡地表裂缝的位置和宽度（用皮尺测），滑坡的地表坡度（用罗盘仪粗略测量）等，对灾害点的地层、岩土体性质进行初判，可以选取有代表性的岩样、土样进行野外或室内试验，要及时记录看到的和听到的各种信息。必要时要做长期观测。

对所有采集的地质情况资料进行汇总和数据后处理，必要时建立三维信息模型（图 3-3）。

图 3-2　野外地质调查

图 3-3　三维地形

4）调查记录及资料管理

记录每个地质灾害点和地质灾害隐患点单点灾害发生的时间、类型、范围、频率，以及灾害造成的公路结构物的各种破坏等，包括：①灾害路段基础信息，包括桩号以及路段所处的自然环境等；②灾害基础数据，包括灾害原因、位置、规模（灾害路段长度、土石方量等）、数量，以及灾害发生的时间、破坏过程等；③地质灾害危害的历史、损失明细和整治状况。应按技术要求进行详细记录和填表，做到目的明确、内容全面、重点突出、数据无误、词语准确、字迹工整清楚。

调查记录必须按规定的调查表认真填写，采用调查记录本作沿途观察记录，并附示意性图件（平面图、剖面图、素描图等）和影像资料等。对于调查的地质灾害点及地质灾害隐患点，填写相应灾种的野外调查表（附录 C）。

对地质灾害点，不论灾害体规模大小、是单体还是群体，都应一点一表，分别建档进行管理。

## 3.1.3　崩塌调查

崩塌调查包括危岩体调查和已有崩塌堆积体调查。

调查包括下列内容:

1) 崩塌发生的斜坡环境

(1) 崩塌危岩体位置、形态、分布高程、规模。可采用三维激光扫描仪、无人机航拍获取崩塌区三维模型,直观地展示崩塌区的地形地貌、崩塌规模、崩塌范围等(图3-4、图3-5)。

a) 三维激光扫描仪作业现场　　　　　　　　b) 成像模型

图 3-4　三维激光扫描

a) 航拍作业　　　　　　　　b) 航拍三维模型

图 3-5　无人机航拍

(2) 崩塌危岩的地层岩性、地形地貌、岩(土)体结构类型、斜坡组构类型。

(3) 降雨及河流的影响,包括降雨量及崩塌危岩相对河流的位置(河流冲切情况)。

2) 崩塌基本特征

(1) 崩塌危岩岩体结构特征,应初步查明软弱(夹)层、断层、褶曲、裂隙、裂缝、临空面、侧边界、底界(崩滑带)以及它们对危岩体的控制和影响。

(2) 崩塌变形基本情况,崩塌近期发生时间;崩塌体运移斜坡的形态、地形坡度、粗糙度、岩性、起伏差、崩塌方式、崩塌块体的运动路线和运动距离;崩塌造成危害。

(3) 崩塌堆积体基本特征,崩塌堆积体的分布范围、高程、形态、规模、物质组成、分选情况、植被生长情况、块度、结构、架空情况和密实度。

3) 崩塌影响因素

地貌因素、人为因素及可能诱发因素,包括降雨、河流冲刷、地面及地下开挖、采掘等因素的强度、周期以及它们对危岩体变形破坏的作用和影响。

4) 相关分析

分析危岩体崩塌的可能性,初步划定危岩体崩塌可能造成的灾害范围。调查崩塌已经造成的损失,崩塌进一步发展的影响范围及潜在损失。

危岩体崩塌后可能的运移斜坡,在不同崩塌体积条件下崩塌运动的最大距离。对于危岩落石,可采用危岩二维、三维落石模拟分析软件分析危岩落石的能量、弹跳高度、平移速度、落点统计等(图3-6、图3-7)。

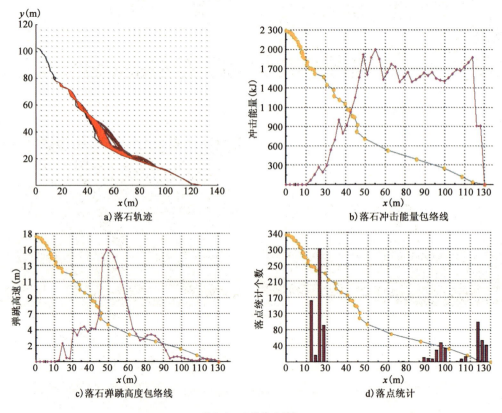

图 3-6 二维落石模拟

崩塌调查具体参照崩塌调查表(附表 C-1)。

### 3.1.4 滑坡调查

(1) 潜在滑坡调查的内容包括:构成斜坡的地层岩性、风化程度、厚度、软弱夹层岩性及产状;断裂、节理、裂隙发育特征及产状;风化残坡积层岩性、厚度;山坡坡型、坡度、坡向和坡高;岩土体中结构面与斜坡坡向的组合关系。潜在滑坡与公路的平面关系。

调查斜坡周围,特别是斜坡上部暴雨、地表水渗入或地下水对斜坡稳定的影响、人类工程活动对斜坡的破坏情况等。对可能构成崩塌、滑坡的结构面的边界条件、坡体异常情况等进行调查分析,以此判断斜坡发生崩塌、滑坡、泥石流等地质灾害的危险性及可能的影响范围。

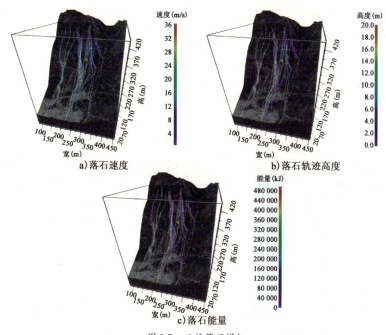

图 3-7 三维落石模拟

(2)滑坡调查:

①调查的范围应包括滑坡区及其邻近稳定地段,一般包括滑坡后壁外一定距离(滑坡滑动会影响和危害的区域)、滑坡体两侧自然沟谷和前缘。

②滑坡形成环境:

a)原始斜坡地貌。调查斜坡类型(岩质边坡结构类型、土质边坡成因类型)、坡高、坡角、坡向及坡形。

b)斜坡地质。调查斜坡地层岩性、地质构造和地震烈度。调查缓倾角的层理面、层间错动面、不整合面、假整合面、断层面、节理面和片理面等。

c)降雨河流影响。调查滑坡区降雨量及滑坡前缘的河流水文情况。

d)水文地质条件。滑带水和地下水情况,泉水出露地点及流量,地表水自然排泄沟渠的分布和断面,湿地的分布和变迁情况等。

(3)滑坡基本特征:

①外形特征。滑坡体的长度、宽度、厚度等,滑坡的平面形态及剖面形态。

②变形迹象。滑坡发生时间、主要特征及造成灾害;调查滑坡体上各种裂缝的分布特

征，发生的先后顺序、切割和组合关系，分清裂缝的力学属性，如拉张、剪切、鼓胀裂缝等，作为滑坡体平面上分块、分条和纵剖面分段的依据，分析滑坡的形成机制。

（4）滑坡影响因素。调查地貌因素（斜坡陡峭、坡脚侵蚀、超载堆积）、主要诱发因素（降雨入渗、地震、开挖坡脚等）。

（5）滑坡造成损失或危害。调查滑坡危害对象、滑坡已经造成的损失、滑坡进一步发展的影响范围及潜在损失。

（6）围绕判断是首次滑动的新生滑坡还是再次滑动的古（老）滑坡进行调查。古（老）滑坡的识别标志见表3-1。

滑坡调查具体参照滑坡调查表（附表C-2）。

古（老）滑坡的识别标志　　　　表3-1

| 标志类别 | 亚类 | 内　容 | 等级 |
|---|---|---|---|
| 形态 | 宏观形态 | 1. 圈椅状地形 | B |
| | | 2. 双沟同源地貌 | B |
| | | 3. 坡体后缘出现洼地 | C |
| | | 4. 大平台地形（与外围不一致、非河流阶地、非构造平台或风化差异平台） | C |
| | | 5. 不正常河流弯道 | C |
| | 微观形态 | 6. 反倾向台面地形 | C |
| | | 7. 小台阶与平台相间 | C |
| | | 8. 马刀树或醉汉林 | C |
| | | 9. 坡体前方、侧边出现擦痕面、镜面（非构造成因） | A |
| | | 10. 浅部表层坍滑广泛 | C |
| 地层 | 老地层变动 | 11. 明显的产状变动（排除了别的原因） | B |
| | | 12. 架空、松弛、破碎 | C |
| | | 13. 大段孤立岩体掩覆在新地层之上 | A |
| | | 14. 大段变形岩体位于土状堆积物之中 | B |
| | | 15. 变形、变位岩体被新地层掩覆 | C |
| | 新地层变动 | 16. 山体后部洼地内出现局部湖相地层 | B |
| | | 17. 变形、变位岩体上掩覆湖相地层 | C |
| | | 18. 上游方出现湖相地层 | C |
| 变形等 | | 19. 古墓、古建筑变形 | C |
| | | 20. 构成坡体的岩土结构零乱、强度低 | B |
| | | 21. 开挖后易坍滑 | C |
| | | 22. 斜坡前部地下水呈线状出露、湿地 | C |
| | | 23. 古树等被掩埋 | C |

续上表

| 标志 | | 内容 | 等级 |
|---|---|---|---|
| 类别 | 亚类 | | |
| 历史记载访问材料 | | 24. 发生过滑坡的记载和口述 | A |
| | | 25. 发生过变形的记载和口述 | C |

注：属 A 级标志，可单独判别为属古、老滑坡；2 个 B 级标志，或 1 个 B 级、2 个 C 级，或 4 个 C 级标志可判别为古、老滑坡。迹象愈多，则判别的可靠性愈高。

### 3.1.5 泥石流调查

泥石流沟谷在地形地貌和流域形态上往往有其特殊反映，典型的泥石流沟谷，形成区多为高山环抱的山间盆地。流通区多为峡谷，沟谷两侧山坡陡峻，沟床顺直，纵坡梯度大。堆积区则多呈扇形或锥形分布，沟道摆动频繁，大小石块混杂堆积，垄岗起伏不平。对于典型的泥石流沟谷，这些区段均能明显划分，但对不典型的泥石流沟谷，则无明显的形成区、流通区与堆积区。研究泥石流沟谷的地形地貌特征，可从宏观上判定沟口是否属泥石流沟谷，并进一步划分其区段。调查范围应包括沟谷至分水岭的全部地段和可能受泥石流影响的地段，主要包括泥石流的形成区、流通区、堆积区。调查下列内容：

（1）泥石流沟谷特征。沟谷的发育程度、切割情况、坡度、弯曲、粗糙程度。划分泥石流的形成区、流通区和堆积区，圈绘整个沟谷的汇水面积。

（2）降雨及水动力特征。冰雪融化和暴雨强度、前期降雨量、一次最大降雨量、一般及最大流量、地下水活动情况。

（3）物质来源。山坡坡度、岩层性质及风化程度，断裂、滑坡、崩塌、岩堆等不良地质现象的发育情况及可能形成泥石流固体物质的分布范围、储量。

（4）泥石流分类。根据泥石流流域形态、泥石流类型和泥石流规模进行分类。

（5）泥石流特征。流通区的沟床纵横坡度、跌水、急弯等特征，沟床两侧山坡坡度、稳定程度，沟床的冲淤变化和泥石流的痕迹。堆积区的堆积扇分布范围、表面形态、纵坡，植被，沟道变迁和冲淤情况；堆积物的性质、层次、厚度、一般和最大粒径及分布规律。判定堆积区的形成历史、划分古泥石流扇和新泥石流扇，新泥石流扇的堆积速度，估算一次最大堆积量，泥石流沟谷的历史，历次泥石流的发生时间、频数、规模、形成过程、暴发前的降水情况和暴发后产生的灾害情况。

（6）泥石流防治措施及监测预警情况调查。

（7）泥石流灾情调查。调查泥石流威胁对象、毁坏方式、影响范围、灾害可能带来的损失（图 3-8）。

泥石流调查具体参照泥石流调查表（附表 C-3）。

### 3.1.6 水毁调查

通过对已发生水毁灾害或灾害迹象的调查，提取水毁的主要影响因素、发展过程，可为分析地区公路水毁的成灾原因、机理、特点提供可靠的依据，最终实现对水毁灾害的有效管理。

图 3-8 泥石流调查

1）工程地质条件

公路沿线的岩土类型、地形地貌（如地形特征、地貌类型、特殊地形等）、地质构造，以及不良地质条件等。

2）气象水文条件

当地降雨资料、历史洪水资料、河道地形等，对于一些特殊地段还需做冰凌调查、河床演变调查等。

3）公路网条件

公路网布局的区域特点、公路交通规划、公路网密度、各等级公路在区域路网中所占比例、公路历史水毁记录（包括各种水毁统计数据）等。

4）流域植被条件

植被类型、分布规律及覆盖率等。

5）沿河公路、桥涵及其防护工程

公路等级、路基填料、压实度、路基（桥涵）形式，以及防护工程、排水设施的形式、尺寸、砌筑材料强度、数量（规模）、布设位置，基础埋深及其自身防护的合理性等。

6）河段类型

河段与路基、桥涵之间的相对关系，河流断面形态及其地形图，河道弯曲、顺直，变迁、稳定与否，有无支流汇入等。

7）河床因素

河床质的组成（黏性土或非黏性土河床，泥沙粒径和级配）、河床糙率和河床比降（河段上游附近的平均比降）等。

8）河道上游的局部地形

主要包括急弯凹岸、山嘴巨石、河道整治、占用开发等方面的因素，都有可能导致公路抗水毁能力减弱。

公路水毁调查的内容及方法见表 3-2、表 3-3。

**洪水调查的内容及方法**　　　　　　　　　　　　　　　　　表 3-2

| 项目 | | 调查内容 | 调查方法 |
|---|---|---|---|
| 形成条件 | 气候水文 | 调查分析流域的年平均气温和年、季、月降水量，研究最大日降雨量、暴雨强度和引起洪水的天气过程 | 收集气象台、站观测资料，必要时现场观测并进行相关分析 |
| | 流域特征 | 量测流域面积和形状，调查地形特点、土壤、植被和沟床物质构成，勘测沟道地形和纵横断面 | 收集既有资料，或实地勘察和测量 |
| 洪水特征 | 行洪时程 | 洪水暴发的时间、最高水位及其持续时间、涨落过程 | 访问当地居民、目击者 |
| | 洪水痕迹 | 调查洪水留下的泥痕、水迹或人工刻记，以及其他一切可以表明最高洪水位的证据 | 现场调查和量测 |
| 灾情调查 | | 灾害发生的时间和区域、灾害的类型和损失程度，工程修复难易程度 | 实地勘测 |

**公路水毁基础资料的调查内容及方法**　　　　　　　　　　　表 3-3

| 调查分类 | 调查要点及内容 | 调查方法 |
|---|---|---|
| 沿河公路 | ①水毁的原因、位置、规模、发生时间、路基形式、路面高程、路基边坡坡率、形成地质条件、防护工程情况，水毁灾害的历史及现状等；<br>②洪水暴发的时间、最高水位及其持续时间、涨落过程；<br>③洪水留下的泥痕、水迹以及其他最高水位的证据 | 现场调查和测量，访问当地居民、目击者 |
| 桥梁 | ①桥梁主体是否破坏；<br>②桥位设置是否妥当；<br>③孔径大小；<br>④墩台基础埋深；<br>⑤桥头引道和调治构造物是否设置妥当；<br>⑥水毁处的河床地形、地质情况；<br>⑦养护是否及时；<br>⑧护坡体（各类护坡、挡墙、桥头锥坡、河堤铺砌等防护工程）是否失稳 | 现场调查和测量 |
| 小桥涵 | ①位置、结构形式、数量设置是否妥当；<br>②孔径大小；<br>③桥涵上游是否有植被破坏、沟道挖土（堆填）等，造成河床的不利冲刷；<br>④防护设施是否设置妥当；<br>⑤是否因为养护不及时造成桥涵局部水毁；<br>⑥基础埋深；<br>⑦进出口及洞身是否出现不均匀变形甚至开裂；<br>⑧进出口及洞身是否堵塞 | 现场调查和测量 |

公路水毁调查具体参照水毁调查表（附表 C-4）。

### 3.1.7 路基沉陷与塌陷调查

路基沉陷调查的主要内容如下：

1）排水条件

调查排水设施的数量、位置和尺寸是否合理，排水设施是否变形破坏。

2）地下水条件

调查路基地下水出露情况。

3）路面裂缝情况

调查路面裂缝的分布、形状和宽度等。

4）填土高度和土质条件

调查填土高度、填料类型。

塌陷主要调查岩溶塌陷和采空塌陷。

岩溶塌陷调查首先要依据已有资料进行综合分析，在基本掌握区内岩溶发育、分布规律及岩溶水环境的基础上，查明岩溶塌陷的成因、形态、规模、分布密度、引发因素、土层厚度与下伏基岩岩溶特征。地表、地下水活动及其与自然和人为因素的关系。

采空塌陷应通过搜集资料、调查访问等工作查明：

（1）采空区和巷道的具体位置、大小、埋藏深度、开采时间和回填塌落、充水等情况。

（2）矿层的分布、层数、厚度、深度、埋藏特征和开采层的岩性、结构等。

（3）矿层开采的深度、厚度、时间、方法、顶板支撑及采空区的塌落、密实程度、空隙和积水等。

（4）地表变形特征和分布规律，包括地表陷坑、台阶、裂缝等的位置、形状、大小、深度、延伸方向及其与采空区、地质构造、开采边界、工作面推进方向等的关系。详见附录 C 中附表 C-5。

## 3.2 公路地质灾害识别

公路地质灾害识别的主要目的，是明确灾害易发路段，预估灾害的影响程度以及可能造成的损失。

公路地质灾害的识别，是通过深入研究公路地质灾害路段的地形地貌、地质、水文、人类活动和地震等因素对灾害体的诱发作用以及公路地质灾害的发生规律，提出公路地质灾害的识别原则和方法，使潜在地质灾害的识别成为可能，为公路地质灾害的预防和治理提供参考。

## 3.2.1 崩塌识别

（1）崩塌主要发生位置：土质边坡坡度一般在 45°以上，岩质边坡坡度一般在 60°以上，坡形一般呈凸形、阶梯形或凹形陡坡（图 3-9）。

（2）边坡岩土体内部有裂隙发育，尤其是斜交和平行边坡走向的陡倾裂隙发育，或存在顺坡裂隙或软弱面；边坡上部已有明显拉张裂隙，并且切割边坡的裂隙、软弱面即将贯通，使岩体与母体呈现分离之势（图 3-10）。

图 3-9　典型公路崩塌　　　　　　图 3-10　崩塌体裂隙发育

（3）坡面有相对新鲜岩石面出露，或坡脚有崩塌物堆积。崩塌的前缘不断发生掉块、坠落、小崩小塌的现象（图 3-11）；崩塌的脚部出现新的破裂形迹；不时听到岩石的撕裂摩擦声；出现热、气、地下水异常。

图 3-11　掉块

## 3.2.2 滑坡识别

1）地形地貌

（1）主要发生在 20°～45°的边坡上，斜坡上常形成上陡中缓下陡的折线状地形，在山坡上部造成环谷地貌。环谷即圈椅状或马蹄状地形（图3-12）。

图3-12 圈椅状地形

（2）滑坡体两侧常形成沟谷，造成双沟同源现象［图3-13a)］，而一般山坡上的沟谷多为一沟数源。

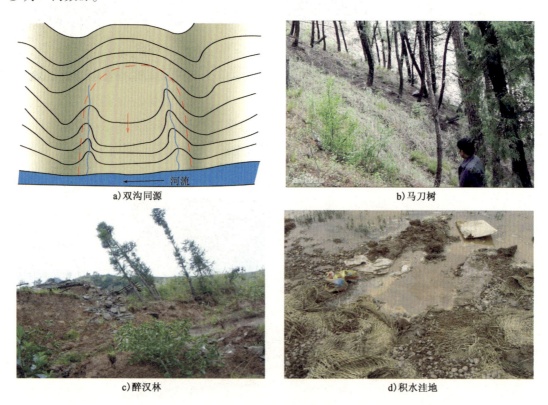

图3-13 滑坡地貌特征

滑坡地貌包括积水洼地、地面裂缝、醉汉林、马刀树等［图3-13b)～图3-13d)］。由于坡体滑移运动，使其上生长的树木东倒西歪，形成醉汉林，说明不久前该处曾发生过滑坡，而且滑动剧烈。马刀树指由于坡体滑移运动造成的树干下部歪斜而上部直立，根据马刀树的年轮可以推断滑坡的相对年代。根据滑坡区的地形地貌可以圈定滑坡边界。滑坡后缘断壁一般较陡立,前缘常被挤出或呈舌状凸出,两侧常以沟谷或裂面为界。

2)变形迹象

(1)公路路段所在山坡上或附近有不均匀沉陷,多处房屋、道路、水渠出现拉裂现象;边坡前部发现鼓胀、翘起或建筑物地基出现错裂,边坡后部出现贯通性的弧形裂缝[图 3-14a)]。

(2)滑体上产生小型褶曲和断裂,滑体结构松散、破碎[图 3-14b)]。

a)弧形裂缝

b)结构破碎

图 3-14　变形迹象

3)水文地质现象

(1)山坡脚泉水较多,地表潮湿[图 3-15a)]。

(2)在滑体两侧坡面洼地和上部常有喜水植物茂盛生长[图 3-15b)]。

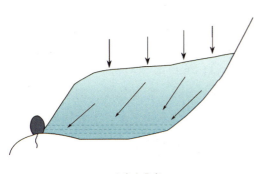
a)泉水发育

b)洼地喜水植物茂盛

图 3-15　水文地质现象

4)地层和地质构造

(1)在大断层通过的河谷地带,滑坡密集;地质构造造成岩体节理裂隙和小断层发育,易发生滑坡;构造面发育(图 3-16),特别是缓倾角断层倾向临空面(开挖面)时,属于易滑地段(图 3-17)。

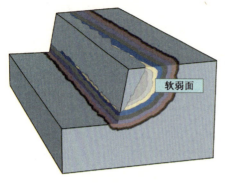
图 3-16 软弱结构面

图 3-17 易滑地段

（2）地层岩性是产生滑坡的物质基础。滑坡的产生多与泥质地层的存在有密切关系，这些地层中容易产生滑坡的主要原因是此类地层岩性软弱。在水和其他因素的影响下，往往构成潜在的滑动面（带）。易滑坡地层的主要类型有：砂页岩和泥岩互层；煤系地层；灰岩、泥灰岩、页岩互层；板岩、千枚岩、云母片岩等变质岩系；各种黏土、黄土和类黄土地层；风化残积层以及各种成因的堆积层等。

5）稳定滑坡与不稳定滑坡的地貌特征

（1）相对稳定的滑坡地貌特征

滑坡后壁较高，长满树木，找不到擦痕和裂隙；滑坡前缘的斜坡较缓。土地密实，长满草木，无松散倒塌现象；滑坡两侧的自然沟谷切割很深，谷底基岩出露；滑坡台阶宽大且已夷平，土地密实。无陷落不均现象；滑坡体较干燥，地表一般没有泉水或湿地，滑坡后泉水清澈；滑坡前缘舌部有河水冲刷的痕迹，舌部的细碎土石已被河水冲走，残留一些较大的孤石。

（2）不稳定的滑坡地貌特征

滑坡后壁高陡，未长满草木，常找到擦痕和裂隙；滑坡前缘的斜坡较陡。土地松散，未生草木，不断产生小型倒塌现象；滑坡两侧多是新生沟谷，切割较浅，沟底多为松散堆积物；滑坡台阶尚保存台坎，土体松散，地表有裂缝、陷落不均现象；滑坡体湿度大，地表泉水和湿地多，舌部泉水流量不稳定；滑坡前缘正处在河水冲刷的条件下。

6）滑坡先兆现象的识别

（1）滑坡滑动之前，在滑坡前缘坡脚处，堵塞多年的泉水有复活现象，或出现泉水（井水）突然干枯，井、泉水位突变或混浊等类似的异常现象。

（2）在滑坡体中部、前部出现横向及纵向放射状裂缝，反映了滑坡体向前推挤并受到阻碍，已进入临滑状态。

（3）滑坡滑动之前，滑坡体前缘坡脚处，土体出现隆起（上凸）现象，这是滑坡体明显向前推挤的现象。

(4) 滑坡滑动之前,有岩石开裂或被剪切挤压的现象,这种现象反映了深部变形与破裂。

(5) 滑坡在临滑之前,滑坡体周围的岩(土)体会出现小型崩塌和松弛现象。

(6) 如果滑坡体有长期位移观测资料,在滑坡滑动之前,无论是水平位移量或垂直位移量,均会出现加速变化的趋势,这是临滑的明显迹象。

(7) 滑坡后缘裂缝急剧扩展,并从裂缝中冒出热气或冷风。

滑坡是否发生,不能单靠个别的前兆现象来判定,那样可能会造成误判。因此,发现某一种前兆时,应尽快对滑坡体进行仔细查看,迅速做出综合判定。

### 3.2.3 泥石流识别

1) 泥石流沟的识别

除有泥石流活动记录、泥石流活动遗迹的沟谷外,当一条沟谷(一条河流流域)具备以下三个基本条件时,可判定为泥石流沟或泥石流易发区(图 3-18)。需根据公路与泥石流的位置关系确定成灾影响程度。

图 3-18 泥石流易发区

(1) 松散固体物质条件:沟谷(流域)附近或沟谷(流域)内有深大断裂或活动断裂通过,岩体破碎;出露软质岩石或抗风化能力弱的岩石,或存在冰川堆积物、冰水沉积物等松散物质;滑坡、崩塌、落石等不良地质现象发育;坡面与沟谷地表侵蚀作用强烈,沟道内、沟侧、坡麓有大量松散堆积物存在(图 3-19)。

(2) 地形条件:流域相对高差大于 500m,单面山坡高差大于 200m;沟床纵坡大于 3°,其中流通区纵坡大于 14°(图 3-20)。

(3) 水源条件:有丰沛的突发水源(图 3-21),特别是具备持续时间长或暴雨强度大的降水条件。一般西南山区大于 50mm/日、北方地区大于 150mm/日;西部地区在气温升高时，冰川或积雪消融强烈。

图 3-19　充足的物源

图 3-20　沟床陡坡降

图 3-21　丰沛的突发水源

2）泥石流前兆识别

山区连续强降水，地表水入渗严重、土体达到饱和或过饱和状态，坡面形成面流后汇集成洪流，从而产生泥石流，因此在泥石流易发季节（丰水期、降水频发期）应对泥石流沟进行值守、巡查，及时发现泥石流活动前兆，防灾减灾。

（1）河流水势突然上涨，夹有较多柴草、树枝，空气中弥漫腐殖质的味道等非正常现象。

(2) 下游河水突然断流，可能是上游崩塌或滑坡阻塞了河道。

(3) 深谷或沟内传来类似火车声或打雷声的巨大声响，并有轻微震动感等，这预示着上游已发生滑坡、落石等现象，泥石流很可能马上就要发生。

(4) 连续强降雨期间，如果附近发生地震，极易诱发泥石流。

(5) 降雨期间，家禽、牲畜有异常反应，可能发生泥石流等地质灾害，应进行巡查核实。

(6) 紧密监控堰塞湖的泄漏、位移等变形、溃决迹象。

### 3.2.4 水毁识别

水毁识别的主要目的是明确水毁易发路段，估计水毁可能发生的程度和损失。在洪水及其携带的滚石、漂浮物等物质的冲刷、撞击、淤堵、淹没等作用下，沿河公路路基路面、桥梁、小桥涵及防护工程易遭到不同程度的破坏，严重时导致交通受阻或中断。

1) 水流有可能冲刷路基的路段

(1) 沿河流弯道凹岸的路段。河湾水流在重力和离心力的作用下形成螺旋流，易冲刷凹岸，淘刷坡脚，冲刷路基路面。

(2) 对岸有山嘴、巨石等地形突变的路段。此类地形将水流挑向对岸偏下游，主流沿多年斜流冲刷形成的深槽，以弯曲水流的形式逼向对岸，沿对岸坡脚流向下游，从而造成对沿河公路的冲刷。此外，即使对面河岸是直岸，仍然会受到冲刷。

(3) 顺延山区开阔河段和山前区变迁性河段的路段。这些河段直段河槽内弯曲的股流、汊流紧逼河岸流动时，也容易形成股流的回岸冲刷。

(4) 有支流汇入的路段。这类河段由于支流对主流的干扰，容易造成水流对河岸的顶冲。

2) 路基压缩或侵占河道的路段

(1) 路基压缩、侵占河道或地形突变使河道变窄的路段。由于河道受到压缩而变窄，挤束水流，压缩断面附近的水流速度大、冲刷严重，容易引起河床和公路边坡的剧烈冲刷，乃至毁坏。

(2) 沿河路基设计高程低于洪水位的路段。在洪水较大时，由于河道被压缩侵占而导致水位急剧上升，若洪水位高于路基设计高程，则会漫溢到路面，造成"水上路面"，甚至冲毁路基。

3) 河岸坡度较为平缓的沿河路段

此类沿河路段由于河道坡度较缓，在遭受洪水时，路基边坡容易被洪水长时间浸泡，使路基变得潮湿，导致路基不稳定。

4）曾经发生过水毁的路段

洪水具有一定的重发性。相应地，公路洪水灾害也具有类似的规律。曾经发生过水毁的路段，当再次遭遇相近级别的洪水时，如果防护工程设置不够稳固，则还可能发生同样类型的水毁。若洪水水位更高、流速更快，还可能出现其他的水毁破坏。把历年易发生水毁的路段和桥涵构造物作为防汛重点地段，建档备案、分类编号，并上报或下发相关职能部门，有利于提前防范公路洪水灾害。

5）其他易发路段

（1）波浪较大路段。大江大河、湖区、库区等水面开阔且波浪较大的路段，由于波浪对路基的拍击冲掏，路基边坡容易遭到破坏。

（2）可能被流冰、漂浮物冲击的路段。冬季结冰的河流，春季冰雪融化以后大块的浮冰顺流而下，其冲击力很大，容易造成路基的冲击破坏。漂浮物情况与流冰相似。

（3）地质和水文条件较复杂、降雨较丰富的山区沿河公路。在暴雨条件下，泥石流、滑坡、崩塌等灾害时有发生，可能对洪水的涨落和路基的抗水毁能力产生影响，容易造成路基毁坏。

（4）沿河路基防护措施不完善路段，容易遭到洪水的冲刷。由于防护工程布置不合理（如基础埋深不足而外露，在冲刷较严重的位置未采用相应的防护措施），或疏于维修加固等原因，沿河公路的防护措施不力，从而不能有效地抵抗洪水冲刷力、冲击力的作用，发生局部或整体破坏。

（5）公路路基自身强度及稳定性不足的路段。公路建设或改建时填筑材料强度不足，施工中夯实密实度不够，或者由于基础处理、坡面排水系统、边坡防护及加固措施不够完善，引起路基自身稳定性不足，难以抵御大洪水的冲刷和冲击。

### 3.2.5 路基沉陷与塌陷识别

路基沉陷与塌陷是指路基局部路段在垂直方向产生较大的错落，形成凹陷和裂纹，或因地基沉降导致路基整体下沉。主要的形式是路基局部高程较周围低，出现大量裂缝。

（1）公路位于滑坡等不良地质地段（图3-22）。

（2）公路位于基底起伏或不稳定地段（如采空区、黄土暗穴、岩溶、软弱地基等），地基未处理到位（图3-23）。

（3）高填方路段易出现路基不均匀沉降，特别是遇到软弱地基时（图3-24）。

（4）公路路基填料选择不当、填筑方法不合理，或施工压实不足地段（图3-25）。

图 3-22 不良地质地段滑坡发育致使路基裂缝、塌陷

图 3-23 地质不稳定区域下部空腔致使塌陷

图 3-24 高填方不均匀沉降致使塌陷

图 3-25 填料选择不当致使塌陷

（5）路基地表水、地下水排水不力的地段，或路堤内部有过湿夹层时（图 3-26）。

（6）路面出现一条或多条纵向或弧形裂缝（图 3-27），或路基两侧地面隆起、路肩挡土墙发生鼓胀变形。

图 3-26 地表水、地下水排水不畅致使塌陷

图 3-27 路面裂缝

# 第 4 章

# 公路地质灾害监测

公路作为处于自然环境中的人工建筑物，必然会受到滑坡、崩塌、泥石流等地质灾害的影响。因此，对公路地质灾害进行监测，掌握其变形破坏的特征，对公路防灾减灾具有重要的意义。

公路地质灾害的监测对象为自然因素或人为因素诱发并威胁公路财产及运营安全的崩塌、滑坡、泥石流、水毁、路基沉陷与塌陷等地质灾害。

公路地质灾害监测的主要任务是监测地质灾害形变、地球物理场、化学场、诱发因素等，最大程度获取连续的空间变形数据，应用于地质灾害的稳定性评价、防治工程效果评估和灾害预警，为路产安全和行车安全提供保障。

## 4.1 公路地质灾害监测方法

公路地质灾害监测方法按监测参数的类型分为变形、物理与化学场、诱发因素监测。

变形监测主要包括以测量位移形变信息为主的监测，如地表相对位移监测、地表绝对位移监测（大地测量、GNSS 测量、合成孔径雷达干涉 InSAR 测量等）、深部位移监测。该类技术目前较为成熟，精度较高，常作为常规监测技术用于地质灾害监测。其中合成孔径雷达干涉 InSAR 测量适用于大面积的地质灾害早期识别，可以高效地识别出形变区域，找出常规方法难以识别的潜在地质灾害点。由于获得的是灾害体位移形变的直观信息，特别是位移形变信息，往往成为预警的主要依据之一。

物理与化学场监测是指监测灾害体的物理场和化学场的变化，属前兆异常监测，主要包括：电场监测、电磁场监测、应力应变监测、地声监测、放射性元素（氡气、汞气）测量、地球化学方法以及地脉动测量。目前多用于监测滑坡、崩塌等地质灾害体所含放射性元素（铀、镭）衰变产物（如氡气）浓度、化学元素及其物理场的变化。地质灾害体的物理、化学场发生变化，往往同灾害体的变形破坏联系密切，因此相对于位移变形，具有超前性。

诱发因素监测是以监测地质灾害诱发因素为主的监测，如气象监测、地下水监测、地震监测、人类工程活动等。降水、地下水活动是地质灾害的主要诱发因素；降雨量的大小、时空分布特征是评价区域性地质灾害（特别是崩塌、滑坡、泥石流三大地质灾害的判别）的主要判别指标之一；人类工程活动是现代地质灾害的主要诱发因素之一。因此地质灾害诱发因素监测是地质灾害监测技术的重要组成部分。地质灾害监测方法及适用性见表4-1。

地质灾害监测方法及适用性　　　　　　　　表4-1

| 种类 | | 适用性 |
|---|---|---|
| 变形监测 | 地表位移监测 | 崩塌、滑坡、泥石流和地面沉降等地质灾害的地表整体和裂缝位移变形监测 |
| | 深部位移监测 | 适用于具有明显深部滑移特征的崩滑灾害深部位移监测 |
| 物理与化学场监测 | 电场监测 | 适用于监测灾害体演化过程中电场的变化信息 |
| | 电磁场监测 | 适用于监测灾害体演化过程中电场、电磁场的变化信息 |
| | 应力应变监测 | 用于崩塌、滑坡、泥石流地质灾害体特殊部位或整体应力场变化监测 |
| | 地声监测 | 适用于岩质崩塌、滑坡，以及泥石流地质灾害活动过程中的声发射事件特征监测 |
| | 灾害体温度监测 | 适用于监测滑坡、泥石流等地质灾害在活动过程中的灾害体温度变化信息 |
| | 放射性监测 | 用于监测裂缝、塌陷等灾害体特殊部位的氡气异常 |
| | 汞气监测 | 用于监测裂缝、塌陷等灾害体特殊部位的汞气异常 |
| 诱发因素监测 | 气象监测 | 适用于明显大气降水影响的地质灾害监测 |
| | 地下水监测 | 适用于监测滑坡、泥石流、地面沉降等地质灾害地下水的变化 |
| | 地震监测 | 适用于明显受地震影响的地质灾害监测 |
| | 人类工程活动 | 适用于监测人类工程活动对地质灾害的形成、发展过程的影响 |

根据监测手段划分，公路地质灾害监测分为简易监测和专业监测两大类。

简易监测指在灾害变形体及建（构）筑物裂缝处设置简易观测标志并使用长度量具直接测量变形，如裂缝变化与时间关系、人工巡视灾害特征有无异常变化的一种简易观测方法。简易监测可用于不同规模的地质灾害监测。

专业监测指利用专业仪器对成灾因素复杂、影响范围大、成灾风险大的地质灾害进行监测。

专业监测根据采集与传输方式分人工监测和自动化监测。地质灾害专业监测应优先选用自动化监测预警模式，同时应与简易监测有机结合，监测工作应由专业单位或专业人员完成。

## 4.2 滑坡监测

公路滑坡监测的对象为未成灾但有滑动变形迹象，或成灾但经治理后仍有滑动变形迹象且威胁公路安全的不稳定边坡。在开展滑坡监测工作前，首先应进行滑坡的地质调查与识别。滑坡监测分简易监测和专业监测。

### 4.2.1 滑坡简易监测

1）滑坡简易监测内容

滑坡简易监测内容主要为滑坡的变形，如坡体后缘裂缝变化、构筑物裂缝变化、坡体前缘位移变化等。

2）滑坡简易监测方法

（1）简易观测装置法

滑坡简易观测装置法是指借助于简单的测量工具、仪器装置和量测方法，监测灾害体、房屋或构筑物裂缝位移变化的监测方法。

①埋桩法

埋桩法适合对滑坡体上发生的裂缝进行观测（图4-1）。在斜坡上横跨裂缝两侧埋桩，用钢卷尺测量桩之间的距离，可以了解滑坡变形滑动过程。对于土体裂缝，埋桩不能离裂缝太近。

②埋钉法

在建筑物裂缝两侧各钉一颗钉子（图4-2），通过测量两颗钉子之间的距离变化来判断滑坡的变形滑动。这种方法对临灾前兆的判断是非常有效的。

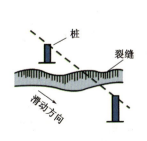

图4-1 埋桩法

图4-2 埋钉法

③上漆法

在建筑物裂缝的两侧用油漆各画上一道标记，与埋钉法原理相同，通过测量两侧标记之间的距离来判断裂缝是否变化。

④贴片法

横跨建筑物裂缝粘贴水泥砂浆片或纸片（图4-3），如果砂浆片或纸片被拉断，说明滑坡发生了明显变形，须严加防范。与上面三种方法相比，这种方法不能获得具体数据，但是，可以非常直接地判断滑坡的突然变化情况。

 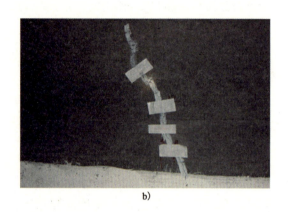

图4-3 贴片法

除了采用埋桩法、贴片法和灾害前兆观察等简单方法外，还可以在裂缝两侧设固定标尺，或在滑坡前缘剪出带内刻槽和设标等简易方法，并借助简易、快捷、实用、易于掌握的位移、地声、雨量等预警装置和简单的声、光、电警报信号发生装置，来提高预警的准确性和临灾的快速反应能力。

监测点一般选在主裂缝的两侧，每两个点为一组，最好设3~5组。可以用钢卷尺或测绳进行测量。观测周期可以根据具体的变形滑动情况确定，旱季每15天监测一次，雨季（一般为4~9月）每5天监测一次（如每月5日、10日、15日、20日、25日、30日），如发现监测点有异常变化或在暴雨、连续降雨天气时，特别是12小时降雨量达50mm以上时，应增加监测次数，如每天1次或多次，甚至昼夜安排专人监测。

每次观测，需认真做好野外记录，并对获取的资料进行分析，预测预报滑坡的发展趋势。当变形滑动量比平常明显增加时，应及时撤离，设置交通管制措施，并及时上报。

（2）巡检法

应组织监测对象附近养护工人及群众定期巡视检查滑坡点有无异常变化，如斜坡地面开裂，剥落，路面开裂、鼓胀，泉水突然浑浊、流量增减变化，树木歪斜，构筑物墙体开裂等微观变化，若发现异常则应及时通知管养人员或监测人员。

## 4.2.2 滑坡专业监测

1) 滑坡专业监测内容

根据滑坡的特点,滑坡专业监测的内容分为变形监测、应力应变监测、诱发因素监测等内容(图4-4)。

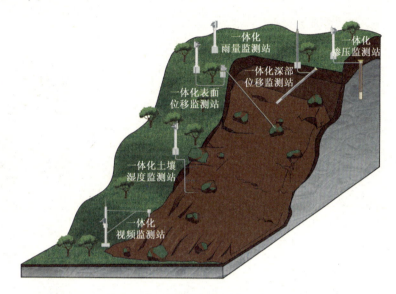

图4-4 典型滑坡专业监测示意图

(1) 变形监测一般包括地表绝对位移监测、地表相对位移监测、深部位移监测。

①地表绝对位移监测:监测滑坡的三维($X$、$Y$、$Z$)位移量、位移方向、位移速率。

②地表相对位移监测:监测滑坡重点变形部位裂缝两侧点与点之间的相对位移量,包括张开、闭合、错动、抬升、下沉等。

③深部位移监测:采用钻孔测斜仪监测滑体的侧向位移。

(2) 应力应变监测一般包括支挡结构[如锚索(杆)、挡墙、抗滑桩等]的应力应变变化监测。

(3) 诱发因素监测主要指气象(降雨历时及降雨强度)监测、地下水监测(地下水位)、人工爆破震动监测。

2) 滑坡专业监测方法

滑坡专业监测方法很多,根据滑坡特点,本着少而精且满足监控要求的原则选用,同时对规模大且成灾影响大的滑坡宜采用多种方法进行监测,所取得的监测数据应互相校核以提高监测工作的可靠性,滑坡常用专业监测方法见表4-2。

公路滑坡常用专业监测方法选取表　　　　　　　表 4-2

| 监测方法 | | 常用监测设备 | 设 备 图 |
|---|---|---|---|
| 变形监测 | 地表绝对位移 | GNSS 监测（GPS、北斗等） | |
| | | 自动全站仪 | |
| | 地表相对位移 | 拉线式位移计 | |
| | | 裂缝计 | |
| | | 沉降仪 | |
| | | 激光测距仪 | |
| | 深部位移 | 固定式测斜仪 | |
| | | 活动式测斜仪 | |

续上表

| 监测方法 | | 常用监测设备 | 设备图 |
|---|---|---|---|
| 物理与化学场监测 | 应力应变监测 | 锚索（杆）应力应变计 |  |
| | | 土压盒、钢筋计等应力应变计 |  |
| | | 分布式光纤监测技术 |  |
| 诱发因素监测 | 气象监测 | 智能交通气象观测站 |  |
| | 地下水监测 | 水位计 | 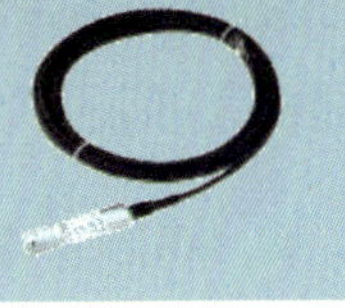 |

3）滑坡专业监测频率

人工监测正常情况下每15天一次，比较稳定的可每月一次；在汛期、雨季、防治工程施工期等情况下应加密监测，宜每天一次或数小时一次直至连续跟踪监测；采用自动化监测时，采集数据的频率是固定设置的，一般为5～30min/次。

4）滑坡专业监测线及监测点布设基本要求

（1）滑坡监测线布设应满足如下要求：

①滑坡监测线应采用主-辅剖面法布设，纵、横剖面布设数量都不应少于一条。纵向监测线的布设应结合滑坡分区进行，不同滑坡单元应由主监测线控制，在其两侧可布设辅

助监测线，主、辅监测线间距宜为 60~150m。横向测线宜布设在滑坡中部至前缘剪出口之间，尽量布设在变形最大处。

②主监测线监测点不宜少于 2 个，点间距宜为 20~50m，辅助监测线测点间距宜为 40~160m。

③为分析不同监测内容或不同变形诱发因素间的相关性，尽可能将不同监测内容的监测点布设于主监测线上。

（2）滑坡监测点布设应满足如下要求：

①监测点应布设于变形破坏具有代表性的位置。

②各类监测点应能控制滑坡前、中、后部变形。

③各监测点宜重合布置；推移式滑坡监测点应重点布设于滑坡中、后部，牵引式滑坡应重点布设于滑坡中、前部；对于涉水滑坡应于滑坡主监测剖面中、前缘布设地下水位监测点。

④裂缝监测点应重点选取特征裂缝［滑坡前缘鼓胀、后缘拉张、两侧剪切裂缝及建（构）筑物梁、板、柱、墙裂缝］布设。

⑤分布式光纤测试技术是近年来发展起来的一种新型光电测试技术，可测试沿传感光纤的环境微应变及温度。分布式光纤测试应沿支挡结构物（如锚索、抗滑桩等）全分布布设，以测试结构应力应变、裂缝、沉降及深部岩土体微应变等，实现智能工程结构物应力应变监测。

## 4.3 崩塌监测

公路崩塌监测的对象为未成灾但有崩塌变形迹象且威胁公路安全的危岩体。在开展崩塌监测工作前，首先应对危岩体进行调查和识别。崩塌监测分简易监测和专业监测。

### 4.3.1 崩塌简易监测

1）崩塌简易监测内容

崩塌简易监测内容主要有崩塌危岩体的变形（如危岩体位移、裂缝变形等）、人工活动情况等。

2）崩塌简易监测方法

（1）简易观测装置法：崩塌裂缝两侧打桩［图4-5a）］，或在裂缝两侧设固定标尺［图4-5b）］和设标等简易方法，并定期用量测工具量测监测装置位移变化（包含位移速度、累计位移）并做好记录，若发现位移在加速变化或累计位移过大时应引起重视，加强观测。

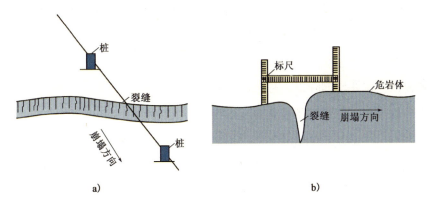

图 4-5 崩塌简易观测装置

（2）巡检法：应组织监测对象附近养护工人定期巡视检查崩塌危岩体附近有无人工活动，如削坡、掘洞、振动、加载、渗漏、爆破等，若发现活动距离危岩体近或震动过大则应及时通知管养人员或监测人员现场核实，若预判人工活动对危岩体有影响则应上报相关主管部门责令其停止活动。

### 4.3.2 崩塌专业监测

1）崩塌专业监测内容

崩塌专业监测的内容分为变形监测、诱发因素监测、物理与化学场监测等（图 4-6）。

图 4-6 典型崩塌专业监测示意图

（1）变形监测一般包括地表危岩体绝对位移监测、地表危岩体相对位移监测。

①地表危岩体绝对位移监测：监测崩塌危岩体的三维（$X$、$Y$、$Z$）位移量、位移方向、位移速率。

②地表危岩体相对位移监测：监测崩塌危岩体主控裂缝两侧点与点之间的相对位移量，包括张开、闭合、错动、抬升、下沉等。

（2）诱发因素监测主要包括气象监测、人工爆破震动等。

①气象监测：主要监测降雨历时及降雨强度。

②人工爆破震动：主要监测灾点附近区域爆破活动产生的震动强度。

（3）物理与化学场监测主要包括地声监测等。

地声监测：崩塌灾害的破坏一般是脆性破坏。当岩体受外力或内力作用产生位错—滑移—微裂纹形成—裂纹扩展—断裂，以弹性波的形式释放出应变能的现象，称为声发射。监测指标为声发射的响应频率值变化。

2）崩塌专业监测方法

崩塌专业监测方法较多，根据崩塌特点，本着少而精且满足监控要求的原则选用，同时对规模大且成灾影响大的崩塌宜采用多种方法进行监测，所取得的监测数据应互相校核以提高监测工作的可靠性，公路崩塌常用专业监测方法见表4-3。

**公路崩塌常用专业监测方法选取表** 表4-3

| 监测方法 | | 常用监测设备 | 设 备 图 |
|---|---|---|---|
| 变形监测 | 地表危岩体绝对位移 | GNSS监测（GPS、北斗） | 见表4-2 |
| | | 自动全站仪 | |
| | | 拉线式位移计 | |
| | | 裂缝计 | |
| | 地表危岩体相对位移 | 崩塌加速度计 |  |
| 诱发因素监测 | 气象监测 | 智能交通气象观测站 |  |
| | 人类工程活动 | 无线网络测振仪 | 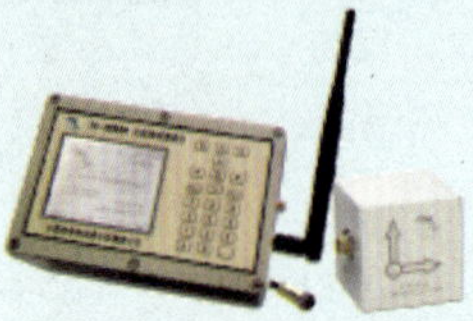 |

续上表

| 监 测 方 法 | 常用监测设备 | 设 备 图 |
|---|---|---|
| 物理与化学场监测 | 地声监测 | 声发射仪 |

3）崩塌专业监测频率

人工监测正常情况下每 15 天一次，比较稳定的可每月一次；在汛期、雨季、防治工程施工期等情况下应加密监测，宜每天一次或数小时一次直至连续跟踪监测；采用自动化监测时，采集数据的频率是固定设置的，一般为 5~30min/次。

4）崩塌专业监测网点布设基本要求

（1）崩塌监测点应重点布设于主控结构面或其他变形敏感位置。

（2）地表位移监测点应重点布设于崩塌单体顶部，布点困难时可布设于临空面中下部。

（3）裂缝监测点应视主控裂缝发育情况具体布设。

（4）倾倒式及滑移式崩塌压力监测点沿危岩走向布设于危岩基座处，布点数量不少于 2 个。

## 4.4 泥石流监测

公路泥石流监测的对象为已发生过但在遇强降雨或地震等作用下仍可能发生的泥石流，以及未发生但存在泥石流易发区的泥石流沟（图 4-7）。在开展泥石流监测工作前，应进行泥石流特征的调查与识别。泥石流监测分简易监测和专业监测。

图 4-7 典型泥石流地貌特征

### 4.4.1 泥石流简易监测

1) 泥石流简易监测内容

泥石流简易监测主要包括连续强降雨激发状态下泥石流物源区的启动观测（位移变化、气象变化），流通区的泥水位观测、前兆异常观测等。

2) 泥石流简易监测方法

（1）简易观测装置法：泥石流简易观测装置法包括在物源区滑坡、崩塌易发区裂缝两侧打桩［图4-8a)］，并定期观测记录物源区位移变化情况以判定在连续强降雨激发状态下物源区的稳定性；在流通区沟（谷）中上游区域设置固定标尺［图4-8b)］，记录好初始值，并定期观测记录流通区泥水位的高度变化或在物源区上游宽敞稳定区域用带有刻度的简易水桶观测降雨量并记录好观测降雨历时及降雨强度。

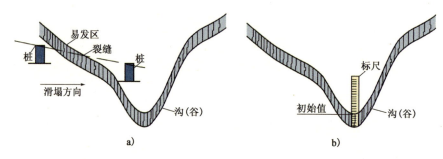

图4-8 泥石流简易观测装置

（2）巡检法：养护工人应经常性观测有无泥石流发生前兆异常现象，如泥石流沟谷下游洪水突然断流或水量突然减少、泥石流沟谷上游突然传来异常轰鸣声或泥石流沟谷出现滑坡堵沟、泥石流支沟出现小型泥石流等异常现象，若发现有异常则应通知管养人员或监测人员加强观测。

### 4.4.2 泥石流专业监测

1) 泥石流专业监测内容

泥石流专业监测内容主要为诱发因素监测，即物源区的启动监测；物理与化学场监测，即流通区的汇流监测；泥石流运动监测等（图4-9）。

（1）物源区的启动监测，主要包括气象监测、地下水监测及地表水监测。

①气象监测：主要指降雨历时、降雨强度值、温度、湿度、风速、风向等，其中降雨量监测是泥石流监测预警的主要指标。

②地下水监测：监测物源区坡体内的水位，作为泥石流监测预警的分析指标之一。

③地表水监测：主要监测地表水的水位、流速、流量等，作为泥石流监测预警的分析

指标之一。

（2）流通区的汇流监测，主要指泥水位监测，监测指标如泥水位高度、冲击力等。

（3）泥石流运动监测，主要指流域中下游的震动监测、次声波监测、流速监测、视频监测。

图 4-9　典型泥石流专业监测示意图

2）泥石流专业监测方法

泥石流专业监测方法很多，根据泥石流特点，本着少而精且满足监控要求的原则选用，同时对规模大且成灾影响大的泥石流宜采用多种方法进行监测，所取得的监测数据应互相校核以提高监测工作的可靠性，公路泥石流常用专业监测方法见表 4-4。

**公路泥石流常用专业监测方法选取表**　　　　　　表 4-4

| 监测方法 | | 常用监测设备 | 设备图 |
|---|---|---|---|
| 物源区的启动监测 | 气象 | 智能交通气象观测站 | |
| | 地下水 | 水位计 | |
| | 地表水 | 三角堰 + 标尺 | |

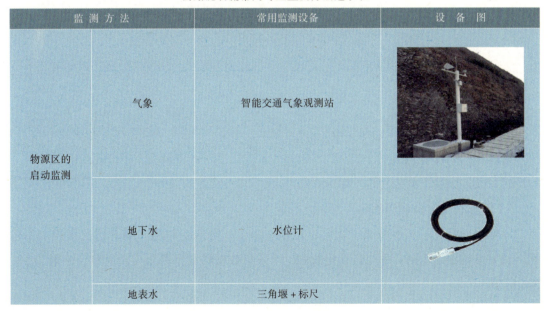

续上表

| 监测方法 | | 常用监测设备 | 设备图 |
|---|---|---|---|
| 流通区的汇流监测 | 泥水位 | 超声波泥水位计（非接触式） |  |
| | | 接触式泥水位计（带报警器） | 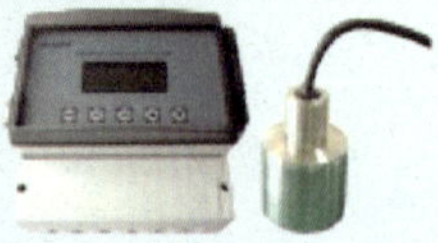 |
| | 冲击力 | 接触式断线警报器 | |
| 泥石流运动监测 | 振动 | 无线网络测振仪 | 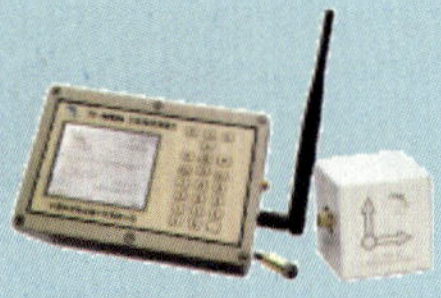 |
| | 次声波 | 次声警报器 | 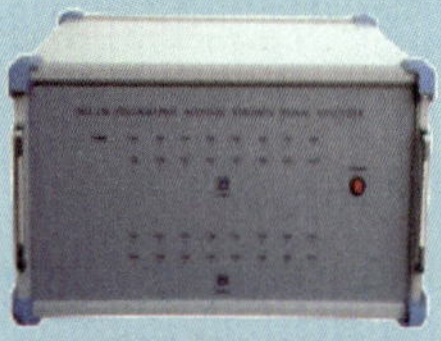 |
| | 流速 | 雷达测速仪 | |
| | 视频监控 | 视频系统 |  |

3）泥石流专业监测频率

一般降雨情况下至少每天一次，在汛期、雨季、防治工程施工期等情况下应加密监测，最好连续跟踪监测；采用自动化监测时，采集数据的频率是固定设置的，一般为5~30min/次。

4）泥石流专业监测网点布设基本要求

（1）因泥石流具有暴发突然、流动速度差异悬殊、规模巨大、历时短暂、危害严重等特征，监测网点应针对性布置。

（2）一般在物源区、流通区等都应布设一定数量的监测点。

（3）以监测降雨为主的泥石流气象监测，应布设在泥石流沟或流域内有代表性的地段。

（4）泥石流运动情况和流体特征监测断面布设数量、距离，视沟道地形、地质条件而定，一般在流通区纵坡、横断面形态变化处和地质条件变化处以及弯道处都应布设。同时必须充分考虑下侧公路保护区车行安全时间。

## 4.5 水毁监测

公路水毁监测对象为已受河流冲刷破坏的跨河或沿河公路监测，目的是监测水毁公路在应急抢险期间有无进一步破坏趋势。在开展水毁监测工作前，应进行水毁公路特征的调查与识别。公路水毁监测分简易监测和专业监测。

### 4.5.1 水毁简易监测

1）水毁简易监测内容

水毁简易监测主要观测路基及构筑物的变形，其观测内容为裂缝变化（含路面裂缝、构筑物裂缝）、地面沉降及河流水位变化等。

2）水毁简易监测方法

（1）简易观测装置法：沿河路基边缘裂缝两侧打桩［图4-10a)］，或构筑物（如挡土墙、排水沟等）裂缝贴水泥砂浆片，或在路基边缘稳定区域设固定标尺［图4-10b)］观测河水位变化等，定期量测简易装置的变化并做好记录。

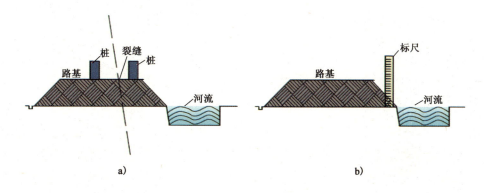

图 4-10 水毁简易观测装置

（2）巡检法：养护工人应经常性检查巡视路基路面有无异常变化，如路面开裂、鼓胀，结构物开裂或变形，井泉点地下水微观变化。若发现有异常则应通知管养人员或监测人员加强观测。

### 4.5.2 水毁专业监测

1）水毁专业监测内容

水毁专业监测内容包含变形监测（地表绝对位移、地表相对位移）、诱发因素监测（气象、河流水位）等。

2）水毁专业监测方法

公路水毁专业监测方法选取见表4-5。

公路水毁常用监测方法选取表　　　　表4-5

| 监测方法 | | 常用监测设备 | 设备图 |
|---|---|---|---|
| 变形监测 | 地表绝对位移 | GNSS监测（GPS、北斗） | 见表4-2 |
| | | 自动全站仪 | |
| | 地表相对位移 | 裂缝计 | |
| | | 沉降仪 | |
| 诱发因素监测 | 气象（降雨历时及降雨强度） | 智能交通气象观测站 | |
| | 河流水位 | 水位计 | |

3）水毁专业监测频率

人工监测正常情况下每15天一次，比较稳定的可每月一次；在汛期、雨季、防治工程施工期等情况下应加密监测，宜每天一次或数小时一次直至连续跟踪监测；采用自动化监测时，采集数据的频率是固定设置的，一般为5~30min/次。

4）水毁专业监测网点布设基本要求

（1）水毁地表变形监测线应沿傍河（或跨河）公路边缘布设。

（2）监测点沿傍河或跨河路线走向每隔100~150m布设一点。

（3）河流水位监测点不少于1个。

## 4.6 路基沉陷与塌陷监测

路基沉陷与塌陷监测对象为路基范围内的岩溶塌陷和地面沉降引起的路基开裂，目的是监测尚未沉陷与塌陷的病灶区域的演化趋势和沉陷与塌陷公路在应急抢险期间有无进一步破坏趋势。在开展沉陷与塌陷监测工作前，应进行路基沉陷与塌陷特征的调查与识别。路基沉陷与塌陷监测分简易监测和专业监测。

## 4.6.1 路基沉陷与塌陷简易监测

1) 路基沉陷与塌陷简易监测内容

路基沉陷与塌陷简易监测主要观测路基的变形,其观测内容为裂缝变化(含路面裂缝、构筑物裂缝)、地面沉降等。

2) 路基沉陷与塌陷简易监测方法

(1) 简易观测装置法:裂缝两侧打桩,或构筑物(如挡土墙、排水沟等)裂缝贴水泥砂浆片,或在裂缝两侧设固定标尺等,定期量测简易装置的位移变化(含位移速度、累计位移)并做好记录。

(2) 巡检法:养护工人应定期检查巡视路基路面有无异常变化,如路面开裂、鼓胀,构筑物开裂或变形,井泉点地下水微观变化。若发现有异常则应通知管养人员或监测人员加强观测。

## 4.6.2 路基沉陷与塌陷专业监测

1) 路基沉陷与塌陷专业监测内容

路基沉陷与塌陷专业监测内容包含路基变形监测(地表绝对位移、地表相对位移)、地球物理场监测、诱发因素监测(气象、地下水位)等。

2) 路基沉陷与塌陷专业监测方法

路基沉陷与塌陷常用专业监测方法选取见表4-6。

**公路沉陷与塌陷常用专业监测方法选取表** 表4-6

| 监测方法 | | 常用监测设备 | 设备图 |
| --- | --- | --- | --- |
| 变形监测 | 地表绝对位移 | GNSS监测(GPS、北斗) | 见表4-2 |
| | | 自动全站仪 | |
| | 地表相对位移 | 裂缝计 | |
| | | 沉降仪 | |
| 地球物理场监测 | 电法 | 电法仪 | |
| | 电磁法 | 道路病害雷达系统 | |

续上表

| 监测方法 | | 常用监测设备 | 设备图 |
|---|---|---|---|
| 诱发因素监测 | 气象（降雨历时及降雨强度） | 智能交通气象观测站 | 见表4-2 |
| | 地下水位 | 水位计 | |

3）路基沉陷与塌陷专业监测频率

（1）未沉陷与塌陷的病灶区域的监测

未发展为沉陷与塌陷的病害问题主要有脱空、空洞、疏松、富水。低风险时，监测频率不低于6个月1次；中风险时，监测频率不低于3个月1次；高风险时，监测频率不低于1个月1次。

（2）已沉陷塌陷的监测

人工监测正常情况下每15天一次，比较稳定的可每月一次；在汛期、雨季、防治工程施工期等情况下应加密监测，宜每天一次或数小时一次直至连续跟踪监测；采用自动化监测时，采集数据的频率是固定设置的，一般为5~30min/次。

4）路基沉陷与塌陷专业监测网点布设基本要求

（1）沉陷与塌陷监测点应沿沉降裂缝发展方向布设于裂缝两侧。

（2）裂缝监测点沿沉降裂缝走向每隔100~150m布设一点。

（3）地下水位监测点不少于1个。

# 第 5 章

# 公路地质灾害防治

地质灾害防治是指对不良地质现象进行评估，通过有效的地质工程技术手段，改变这些地质灾害产生的过程，以达到防止或减轻灾害的目的。地质灾害防治以预防为主、避让与治理相结合，按照以防为主、防治结合、全面规划、综合治理的原则进行。公路地质灾害的防治要全面规划、综合分析、系统防治，重视环境导向性作用。

1）避让措施

针对一些规模大、性质复杂的公路地质灾害，应采取路线绕避措施。如绕避困难，可采用构造物穿越或跨越地质灾害。

2）预测预报

地质灾害的发生是一个随机的过程，对地质灾害的发生以及发展趋势进行预测，能够明确可能发生的灾害特性、强度以及危害，从而及时采取相应措施，对地质灾害做到可知可治。预测预报需要强调的是超前和事先，要在灾害发生之前做出判断。

3）控制治理

控制治理的作用是将地质灾害控制在一定范围之内，保证不会再进一步发展，采取的对应措施要建立在对灾情的具体情况有一定了解的基础之上，原则是一次治理、不留后患。

4）抗灾设防

某些地质灾害是不可避免的，需进行抗灾设防，增强设防区域对地质灾害的承受能力。

5）抢险救灾

当地质灾害不可避免地发生时，需及时组织应急抢险，在抢险救灾过程中需根据灾害的具体情况，采取对应的措施，来减小灾害的强度和规模。另外，必要时采取应急手段对灾害导向进行调整，力争将地质灾害的影响降到最小。

## 5.1 崩塌防治措施

### 5.1.1 防治措施类型

崩塌防治的工程措施主要包括：

1）排水

在有水活动的地段，布置排水构筑物，以进行拦截与疏导。排水包括排出边坡地下水和防止地表水进入。

2）锚固

（1）遮挡。遮挡斜坡上部的崩塌物。这种措施常用于中、小型崩塌或人工边坡崩塌的防治，通常采用修建明洞、棚洞、钢结构柔性棚洞等工程措施。

（2）拦截。对于仅在雨后才有坠石、剥落和小型崩塌的地段，可在坡脚或半坡上设置拦截构筑物。如设置落石平台和落石槽以停积崩塌物质，修建挡石墙、被动防护网以拦落石。

（3）支挡。在岩石突出或不稳定的大孤石下修建支柱、支挡墙支撑。

（4）护墙、护坡。在易风化剥落的边坡地段修建护墙，对缓坡进行护坡等。

（5）引导。采用柔性引导防护网对危岩落石进行"引导、控制、消耗"，最终将危岩落石引导至坡脚预设区域。

3）刷坡、削坡

在危石、孤石突出的山嘴以及坡体风化破碎的地段采用刷坡、削坡的工程措施。

4）镶补勾缝

对坡体中的裂隙、裂缝、空洞，可用片石填补空洞、水泥砂浆勾缝等，以防止裂隙、裂缝、空洞的进一步发展。

5）其他

灌浆（充填硅酸盐水泥）等。

### 5.1.2 典型防治措施

崩塌的典型防治措施有支顶加固、嵌补加固、封闭覆盖、柔性防护、刚性拦石墙、明洞、棚洞等多种形式，详见表5-1。

## 崩塌典型防治措施　　　　　　　　　　　　　　　　　　　表 5-1

| 防治措施 | 示意图 | 照片 |
|---|---|---|
| 支顶：边坡上的悬岩、探头岩等危岩的下部深凹部分不存在退缩式发展的条件，上部悬岩较完整、坚硬，节理较少，零星掉块落石的可能性较少时，采用钢材或钢筋混凝土支撑 | 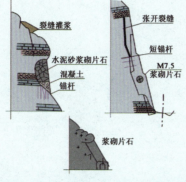 | <br>支顶 |
| 嵌补支护：边坡岩体被节理切割，沿节理面发育局部坍塌，形成深浅不同的凹陷，上部岩体在重力作用下可能变为危石，形成落石，故宜用浆砌片石嵌补处理 | 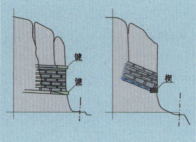 | <br>嵌补 |
| 支承键、楔：边坡岩体由软硬相间的岩层组成，软弱层被挤出，当上部岩体在重力作用下因重力卸荷而可能变成危岩时，宜在软弱岩层中设置支承键、楔，以支承上部岩体，减小软弱岩层的压力，稳定岩体；当岩层产状水平或倾角较小时，可设支承键或支承楔，兼具支承上部岩体与阻止滑移的双重作用 | 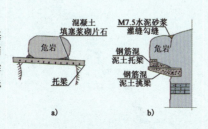 | <br>楔塞 |
| 支承托梁：边坡上危岩下部的基岩高陡，无条件支顶与支撑，且两端有基础时，可在危岩下设置托梁支承危岩，当两端无基础时，可先悬臂挑梁，在挑梁上再设托梁 | | 支撑托梁 |

续上表

| 防治措施 | 示意图 | 照片 |
|---|---|---|
| 插别：若边坡岩体具有累进退缩变形破坏的性质，控制前缘岩体的变形破坏，对后部岩体稳定有利。当下卧基岩完整具嵌固能力时，可采用插别工程措施，一般用钢材或钢筋混凝土桩 | | 插别 |
| 岩体锚固：边坡岩体具倾向边坡的不利结构面，或具较大裂缝时，可用锚杆或锚索加固。如锚杆、锚索所受的剪力较大时，可施加预应力，增加结构面的摩阻力，从而将可能发生崩塌的岩块锚固于后部稳定岩体上 | | 锚固 |
| 喷浆和喷射混凝土防护：当边坡岩体易风化及风化差异性较大时，防治边坡风化剥落，保证边坡的稳定是一项重要措施。喷浆和喷射混凝土兼具物理隔离防风化和对岩体表面加固的双重作用，适用物理风化和化学风化两种类型 | | 喷锚 |
| 护坡：适用于易风化破碎、节理发育、坡度为 1:0.5～1:1 的岩质边坡，防风化墙起着物理隔离作用 | | 护坡 |

续上表

| 防治措施 | 示意图 | 照片 |
|---|---|---|
| 落石平台和落石槽：当道路高程距可能发生崩塌与落石的边坡有一定距离，边坡上或坡脚有缓坡地带，且其上方落石轨迹交于滑坡地带时，可考虑设置落石平台。为防止坠落在平台上的石块弹跳后危及道路安全，往往在平台外侧修筑墙或堤拦截，这样便形成落石槽 | 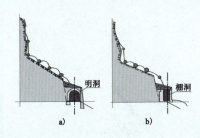 | <br>落石平台 |
| 遮挡明洞、棚洞：当崩塌与落石岩体量较大，或山坡岩层风化、破碎较严重，崩塌来源物质较丰富，或虽每次崩塌规模不大，但频繁发生，采用拦截建筑物不能奏效时，均可采用遮挡工程。崩塌量较大或基础条件较好时采用明洞，崩塌量较小时则采用棚洞 | | <br>明洞<br><br>棚洞 |
| 拦石墙：受地形与地质条件限制，道路外侧无基础条件，往往采用拦石墙 | 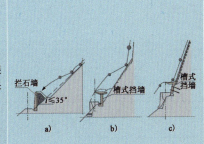 | <br>拦石墙 |

续上表

| 防治措施 | 示意图 | 照片 |
|---|---|---|
| 柔性防护网：分为引导防护网（包括张口式、覆盖式两种）、被动防护网、钢结构柔性棚洞、主动防护网等。原理是采用金属丝编制而成的轻质高强度网，对危岩落石及小型崩塌灾害进行引导、拦截及加固防护。通过不同网型的组合以适用于各种崩塌地形情况，具有施工快速、环境友好、防护能级大、使用年限久等优点。<br>①引导防护网适用条件：<br>适用于整体稳定，坡面（表）节理裂隙较发育、岩体结构破碎，不宜过多扰动且高差较大，清理困难的边坡，一般设置于边坡中上部且坡脚可进行危岩落石处理的自然或人工高陡边坡。<br>②被动防护网适用条件：<br>适用于整体稳定，坡面（表）节理裂隙较发育、岩体结构破碎，不宜过多扰动且清理困难的边坡，一般设置于坡体中上部且坡脚可进行落石处理的自然或人工边坡。防护能级50~5 000kJ。<br>③钢结构柔性棚洞适用条件：<br>适用于桥隧相接处洞口上方的危岩落石防护，防护能级500~1 500kJ。 | <br><br>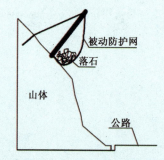<br>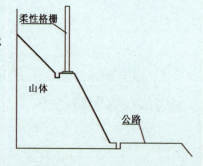 | <br>张口式引导网<br><br>覆盖式引导网<br><br>被动防护网<br><br>柔性格栅网 |

续上表

| 防治措施 | 示意图 | 照片 |
|---|---|---|

④主动防护网适用条件：
适用于整体稳定，坡面（表）节理裂隙较发育、危岩体发育厚度较小、深部岩体完整性较好的路堑边坡或坡表地形起伏不大的自然边坡。

在产品验收中建议对产品冲击检测报告（被动防护网和张口式引导网检测方法执行TB/T 3449《铁路边坡被动柔性防护产品落石冲击试验方法与评价》）、中性盐雾试验报告（执行GB/T 10125《人造气氛腐蚀试验 盐雾试验》）、金属柔性网顶破力报告［执行ISO 17745钢丝环网板 定义规格（Steel wire ring-net panels—Definitions and specifications）］及产品合格证等材料进行查验；工程验收中建议对产品冲击检测报告（被动防护网和张口式引导网）、中性盐雾试验报告、金属柔性网顶破力报告及产品合格证、锚杆抗拔力试验报告等材料进行查验

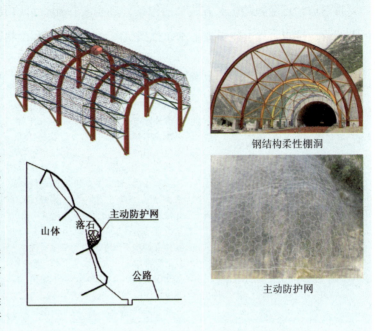

钢结构柔性棚洞

主动防护网

## 5.2 滑坡防治措施

### 5.2.1 防治措施类型

滑坡治理方法主要有"砍头""压脚"和"强腰"三项措施。"砍头"是用爆破、开挖等手段削减滑坡上部的重量；"压脚"是对滑坡体下部或前缘填方反压，加大坡脚的抗滑阻力；"强腰"则是利用锚固、灌浆等手段锁定下滑山体。滑坡的防治措施可归纳为"拦、排、稳、固"四个字。

（1）"拦"即拦挡、拦截，如挡土墙等拦挡工程。

（2）"排"即排水，包括拦截和旁引可能流入滑坡体内的地表水和地下水，排出滑坡体内的地表水和地下水，对必须穿过滑坡区的引水或排水工程做严格的防渗漏处理，滑坡区地表做防渗处理，防止地表水对坡脚的冲刷。

（3）"稳"即稳坡，包括降低斜坡坡度，滑坡后部削方减重及滑坡前缘回填压脚，以生物工程和护坡工程来保护边坡等。

(4)"固"即加固,包括采用各种形式的抗滑桩、预应力锚索和预应力抗滑桩、抗滑明洞等工程,或采用灌浆、电化学加固、焙烧等方法,通过改变滑带岩土的性质来达到加固的目的,增大滑面的抗滑力。

按滑坡治理措施的施工方式、适用条件和主要作用,可将其分为防御避让、护坡护岸、削坡卸载、排水防渗、排引地下水、拦挡抗滑、固结加固和生物工程等类型,见表5-2。

滑坡防治措施分类　　　　　　　　　　　　　　　表5-2

| 类型 | 绕避滑坡 | 排水 | 力学平衡 | 滑带土改良 |
|---|---|---|---|---|
| 主要工程措施 | 1. 改移线路<br>2. 用隧道避开滑坡<br>3. 用桥梁跨越滑坡<br>4. 清除滑体 | 1. 地表排水系统<br>①滑体外截水沟<br>②滑体内排水沟<br>③自然沟防渗<br>2. 地下排水工程<br>①截水盲沟<br>②盲（隧）洞<br>③仰斜钻孔群排水<br>④垂直孔群排水<br>⑤井群抽水<br>⑥虹吸排水<br>⑦支撑盲沟<br>⑧边坡渗沟<br>⑨洞-孔联合排水 | 1. 减重工程<br>2. 反压工程<br>3. 支挡工程<br>①抗滑挡墙<br>②挖孔抗滑桩<br>③钻孔抗滑桩<br>④锚索抗滑桩<br>⑤锚索<br>⑥支撑盲沟<br>⑦抗滑键<br>⑧排架桩<br>⑨钢架桩<br>⑩钢架锚索桩<br>⑪微型桩群 | 1. 滑带注浆<br>2. 滑带爆破<br>3. 旋喷桩<br>4. 石灰桩<br>5. 石灰砂桩<br>6. 焙烧 |

### 5.2.2　典型防治措施

滑坡灾害典型防治措施见表5-3。

滑坡灾害典型防治措施　　　　　　　　　　　　　表5-3

| 防治措施 | 示意图 | 照片 |
|---|---|---|
| (一)排水 | | |
| 1. 截、排地表水<br>(1) 沿滑坡周界处修建环形截水沟,使滑体外水不进入滑体的周边裂缝及滑坡体内。<br>(2) 在滑坡体上修建树枝状排水系统,排除滑体范围内的地表水 | 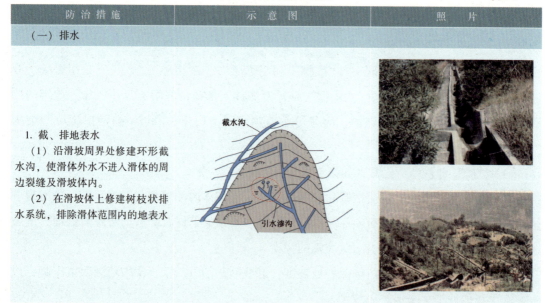 | |

续上表

| 防治措施 | 示意图 | 照片 |
|---|---|---|
| 2. 截、排地下水<br>（1）在滑坡体上修建渗沟，截、排地下水，主要有以下3种类型：<br>①支撑渗沟：适用于中、浅层滑坡，由于其抗剪强度较高，兼有支撑滑体和排水两个作用；<br>②截水渗沟：截、排滑体外深层地下水，使其不进入滑体；<br>③边坡渗沟：支撑边坡并疏干边坡地下水。 | 1-垂直渗管；2-仰斜排水 | |
| （2）在滑坡体上施设垂直孔群，用钻孔穿透滑带，将滑坡水降至下部强透水层中排走。当下部地层具有良好的排泄条件时，效果才好。 | 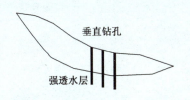 |  |
| （3）采用砂井与水平钻孔相结合的截、排水方法：以砂井聚集滑体内地下水，用近于水平的钻孔穿连砂井，把水排出，疏干滑体 | 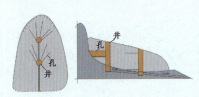 |  |
| 3. 平整滑坡地表<br>整平夯实滑坡坡面，夯填滑体内的裂缝，防止地表水渗入滑体内。植树铺草皮，固化滑坡土体表面，防止水流冲刷下渗 | | 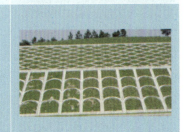 |

（二）改善滑坡体力学平衡条件，减小下滑力，增大抗滑力

支与挡：在滑坡体适当部位设置支挡建筑物（如抗滑挡墙、抗滑明洞、抗滑桩等），可以支挡滑体或把滑体锚固在稳定地层上。由于这种方法对山体破坏少，可有效地改善滑体的力学平衡条件，故被广泛采用

续上表

| 防治措施 | 示意图 | 照片 |
|---|---|---|
| 1. 抗滑挡墙<br>（1）预应力垂直锚杆挡墙：特点是开挖基坑量小，省圬工，抗滑力大。<br>（2）框架填石挡墙：有利于拼装化施工，可加快施工进度。<br>（3）沉井抗滑挡墙：适合深层和正在滑动的滑坡 | 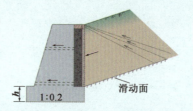 |  |
| 2. 抗滑明洞<br>当地形和基础条件适合，而修建其他支挡建筑物有一定困难时，也可用抗滑明洞作为支挡建筑物，但投资往往比较昂贵 | 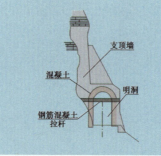 |  |
| 3. 抗滑桩<br>当采用重力式支挡建筑物圬工量大、不经济或施工开挖易引起滑体下滑时，可将抗滑桩作为抗滑措施。抗滑桩一般适用于整治浅层及中厚层滑坡，也可与轻型支挡建筑物上下结合使用，这样就可相应地减少下部支挡工程的数量 | 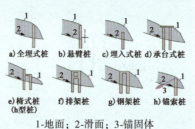 |  |
| 4. 减载与反压<br>对于滑床上陡下缓、滑体头重脚轻或推移式滑坡，可对滑坡上部主滑段清方减重，也可在前部阻滑段反压填土，以达到滑体的力学平衡。对于小型滑坡可全部清除。减重和清除均应慎重，应验算和检查残余滑体和后壁的稳定性 | 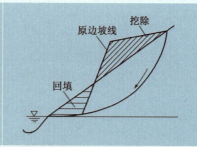 |  |
| （三）改变滑带土的工程性质 | | |
| 采用焙烧法、电化学法、硅化法、灌浆法以及孔底爆破灌注混凝土等措施，改变滑带土的性质，提高其强度，达到增强滑坡稳定性的目的 |  |  |

续上表

| 防治措施 | 示意图 | 照片 |
| --- | --- | --- |
| 滑坡的综合治理：在滑坡治理工程中，实际上很少采用单一的方法，而是几种方法综合应用，如支挡与排水结合、卸载与排水结合、卸载与支挡和排水结合等。事实证明，综合治理比单一方法治理效果更好，特别是对于大型、巨型滑坡，更需采用多种方法综合治理。具体到实际工程中，应结合当地情况，因地制宜，慎重决策，抓住主要矛盾，依据滑坡的成因和主要影响因素，在详细分析资料的基础上，对多种方法进行充分的技术经济比较，确定治理方案 | | |

## 5.3 泥石流防治措施

### 5.3.1 防治措施类型

泥石流的发生、发展与危害，有其固有的规律。治理泥石流，要善于因势利导，利用泥石流的活动规律，全面规划，统筹兼顾。在具体实施泥石流防治工程时，宜采取坡面、沟道兼顾，上、下游统筹的综合治理方案。一般在沟谷上游以治水为主，中游以治土为主，下游以排导为主，通过上游的护坡截水和中游拦挡护坡等，减少泥石流固体物质，控制泥石流规模，改变泥石流体的性质，有利于下游的排导，从而控制泥石流的危害。

公路泥石流的典型工程防护措施可分为控源工程、拦挡工程、排导工程和防护工程等多种。按处理对象也可将泥石流防治工程措施分为治水为主、治土为主和排导为主。

### 5.3.2 典型防治措施

1）泥石流控源工程

泥石流控源工程见表5-4。

泥石流控源工程　　　　　　　　表5-4

| 控源工程 | 一种泥石流流域保护和恢复森林植被，防止水土流失，削弱泥石流活动的方法。基本途径除植树种草外，更重要的是禁止乱砍滥伐，合理耕植、放牧，防止人为破坏生物资源和生态环境，也可根据具体工程特点采用控制泥石流物质来源的工程措施 |
| --- | --- |

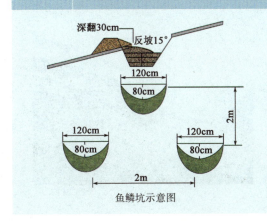

鱼鳞坑示意图

山坡鱼鳞坑

续上表

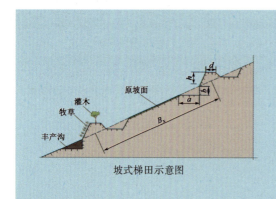

坡式梯田示意图

坡式梯田

利用土钉、柔性金属网、三维土工网对流域内的土质边坡进行加固和冲刷防护，并可同时利用植被根系的自然固土作用

锚杆格构

泥石流治水工程见表5-5。

泥石流治水工程　　　　　　表5-5

| 治水工程 | 修建水库、水塘，引水、排水渠道，截水沟等工程，调蓄、引导泥石流流域的地表水，改善泥石流形成与发展的水动力条件 |
|---|---|

蓄水水库

调洪水库

续上表

排水沟

截水沟

2）拦挡工程

修建拦砂坝、谷坊和拦渣网等，拦截泥石流，削弱泥石流强度，沉积砂石，减小泥石流破坏能力。泥石流拦挡工程见表5-6。

泥石流拦挡工程　　　　　　　　　　　　　表5-6

| 拦砂坝 | 可分为重力式、格栅式、柔性和桩林等，拦砂坝具有的功能有：①拦截水沙，改变输水、输沙条件，调节下泄水量和输沙量；②利用回淤效应，稳定斜坡和沟谷；③降低河床坡降，减缓泥石流流速，抑制上游河段纵、横向侵蚀；④调节泥石流流向 |
|---|---|

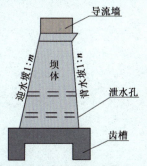
重力式拦砂坝示意图

都汶高速公路G213线泥石流拦挡坝

| 格栅坝 | 以混凝土、钢筋混凝土、浆砌石、型钢等为材料，将坝体做成横向或竖向格栅，做成平面、立体网格，或做成整体格架结构的透水型拦砂坝 |
|---|---|

钢管混凝土桩林格栅坝

井沟格栅坝

续上表

| 谷坊坝 | 山区沟道内拦截泥沙的小坝。水土流失地区的山沟治理工程之一。谷坊坝可以抬高沟底侵蚀基点，防止沟底下切和沟岸扩张，并使沟道坡度变缓；拦蓄泥沙，减少输入河川的固体径流量；减缓沟道水流速度，减轻下游山洪危害；坚固的永久性谷坊群有防治泥石流的作用；使沟道逐段淤平，形成可利用的坝阶地 |
|---|---|

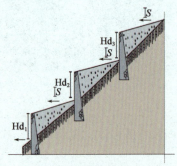

谷坊坝群示意图

谷坊坝群

柔性谷坊

柳编谷坊

格宾网谷坊坝

生态谷坊

3）排导工程

泥石流排导工程是利用导流堤、顺水坝、排导槽、排导沟、渡槽、急流槽、明洞、改沟等工程，将泥石流顺畅地排入下游非危害区，控制泥石流对通过区或堆积区的危害。排导工程一般布设于泥石流沟的流通段及堆积区。泥石流排导工程具有结构简单、施工及维护方便、造价低廉、效益明显等优点。排导工程虽可改变泥石流的流速及流向，使流体运动受到约束，但不能制约和改变泥石流的发生、发展条件。排导工程可单独使用或在综合防治工程中与拦蓄工程配合使用，当地形等条件对排泄泥石流有利时，可优先考虑布设排导工程，将泥石流安全顺畅地排至被保护区以外的预定地域。泥石流排导工程见表5-7。

泥石流排导工程　　　　　　　　　表5-7

| 顶越式排导 | 渡槽是泥石流导流工程的一个特殊类型，其长度远比排导槽短，而纵坡则又大很多。渡槽通常建于泥石流沟的流通段或流通—堆积段，与山区公路形成立体交叉。泥石流以急流的形式在被保护设施上空的渡槽内排泄，其流速较大，输移能力较强，是防治小型泥石流危害的一种常用排导措施 |
|---|---|
| 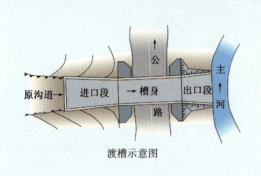<br>渡槽示意图 | <br>渡槽 |
| 低越式排导 | 排导结构从公路路面结构以下以涵洞或桥孔的形式穿越 |
| 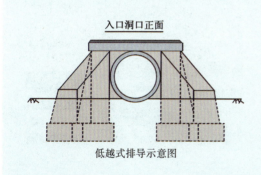<br>低越式排导示意图 | <br>低越式排导 |
| 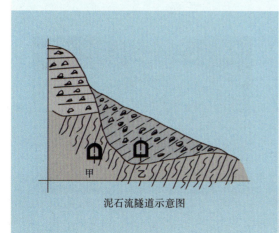<br>泥石流隧道示意图 | <br>泥石流隧道 |

续上表

| | |
|---|---|
| 导流堤、急流槽和束流堤 | 为降低山洪及泥石流危害，修筑在荒溪冲积扇或侵蚀沟口的排导措施，主要包括导流堤、急流槽和束流堤三个部分。导流堤的主要作用是改善泥石流流向，也改善流速；急流槽的主要作用是改善流速；束流堤的主要作用是改善流向，防止漫流。一般将导流堤与急流槽组成排导槽，以改善泥石流在冲积扇上的流势和流向。导流堤与束流堤组成束导堤，以防止泥石流漫流改道危害。在公路工程中，急流槽常被建在坡路两边用来排水，以及达到减缓水流速度的目的，对公路路基起到很大的保护作用 |

导流堤与急流槽组成排导槽

| | |
|---|---|
| 排导槽 | 通过人工修建或改造的沟道引导泥石流顺畅通过防护区（段），排向下游泄入主河道的工程。排导沟施工简单方便，投资少，且对防治泥石流灾害常有立竿见影的成效，是防治泥石流的常用措施 |

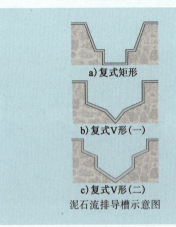

a) 复式矩形
b) 复式V形（一）
c) 复式V形（二）
泥石流排导槽示意图

排导槽（一）

排导槽（二）

排导槽（三）

续上表

| 泥石流网 | 采用柔性金属网、消能装置及相关构件构成拦泥石流屏障，布置于冲沟等潜在发生泥石流的区域，用于拦截泥石流中的石块、木块等会对公路及车辆造成影响的固体物质。通过不同网型及消能装置等构件的组合，以适用于不同体量的泥石流防护 |
|---|---|

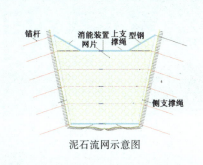

泥石流网示意图

泥石流网

4）防护工程

泥石流防护工程见表5-8。

泥石流防护工程　　　　　　　　　表5-8

| 防护工程 | 修建护坡、挡墙、丁坝等，保护公路、桥梁等工程设施，抵御泥石流的冲击 |
|---|---|

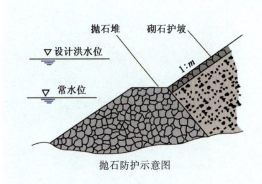

抛石防护示意图

抛石防护

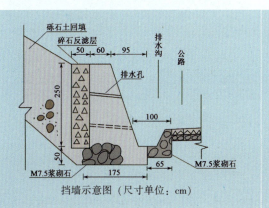

挡墙示意图（尺寸单位：cm）

挡墙

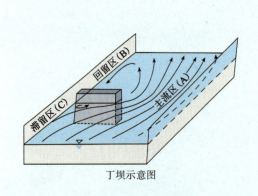

丁坝示意图

丁坝

泥石流综合治理见表5-9。

泥石流综合治理　　　　　　　　　　　表5-9

| 泥石流综合治理 | 采用生态修复、水土保持、坡面防护、支沟的稳坡固沟、主沟的拦挡调节和沟口的排导防护等措施，对泥石流进行综合治理 |
|---|---|

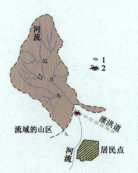

1-坝堤防；2-导流堤
泥石流综合治理示意图

泥石流综合治理

## 5.4 水毁防治措施

### 5.4.1 防治措施类型

1）直接防护

直接加固坡面、坡脚或基础，提高其抗冲刷能力。常见的依附在边坡坡面、坡脚及其基础上的防护工程设施有砌石护坡（护面墙）、挡土墙、混凝土预制板、土工织物、护坦、抛石、石笼、梢料等。

2）间接防护

通过修建各种调治构造物（丁坝、顺坝、阻水堤等）和河道整治（疏浚、改道、理顺），调整河道水流结构，使水流偏离被防护的河岸、路基或将冲刷段变成淤积段，达到防护的目的。我国多采用砌石（石笼）丁坝、顺坝、导流堤，见表5-10。

沿河公路主要水毁类型及一般处置对策　　　　　表5-10

| 沿河公路水毁主要类型 | 一般情况下的防护与处置对策 |
| --- | --- |
| 河湾凹岸的冲刷（包括股流弯曲对路基的斜冲、地形变化或挑流引起的顶冲或斜冲等） | 调查河段的特征与类型、水流特点、河流特征（如平面形态、河床质组成等），分析凹岸冲刷（股流冲刷、顶冲与斜冲等）的具体情况，包括冲刷的位置、范围、深度。峡谷河段宜采用石砌护坡、挡土墙防护或护坡、挡土墙配合护坦、抛石进行基础防护；山区开阔河段、变迁性河段可采用石砌护坡、挡土墙防护或护坡、挡土墙配合护坦、漫水丁坝群进行基础防护。材料、工艺可以根据当地的实际情况选择浆砌、石笼、预制混凝土板（块）及土工材料等 |
| 顺直河道和弯曲河道的压缩冲刷（包括地形突变引起的河道变窄，人为因素导致的河道断面突然缩小等） | 沿河公路的压缩冲刷与桥梁一般冲刷类似，冲刷深度与压缩断面的水流速度、压缩断面进口处的形状有关，应特别注意断面压缩引起的挑流等作用。一般情况下应采用边坡直接防护形式（如护坡、挡土墙）配合护坦进行基础冲刷防护。不宜采用丁坝、丁坝群再对河道断面进行压缩，在某些条件下也可以采用短、密、低的漫水丁坝群防护 |
| 洪水位过高，淹没路面，水流纵向冲刷或急速退水冲刷 | 因河流断面过度压缩、洪水位过高或设计水位偏低、路基设计高程偏低等原因，导致洪水期路面被淹没。通常应避免过度压缩河道，对特别不利的局部地形可以进行整治清障，提高路基高程、完善路基路面排水系统，硬化路肩，提高抗冲刷能力 |
| 河道挖沙引起河床下切，路基冲刷、基础埋深不足引起沿河公路路基水毁 | 加强河道管理，沿河公路上、下游一定范围内禁止作为开采砂石的料场；观测、分析河道挖沙对河流水势、河床变形的影响，及时对沿河公路路基采取防冲刷加固措施 |

### 5.4.2　典型措施类型

水毁的典型防治措施见表5-11。

## 水毁防治典型措施　　表 5-11

| 浆砌片石护坡 | 浆砌片石护坡常用于坡度较缓（坡比小于1）、水流速度较大（4～6m/s）或波浪较大及可能有流冰、漂浮物冲击时的坡面冲刷防护 |
|---|---|

| 浸水挡墙 | 浸水挡墙常用于坡度较陡（坡比大于1）的边坡，砌筑厚度较大。浸水挡墙既能抵御洪水的冲刷，又能承受土压力。坡面可承受5～8m/s的水流速度，可承受更大的水流、流冰和漂浮物的冲击 |
|---|---|

| 护坦 | 护坦直接依附于路基本身，顺水流而布设，对天然水流干扰较小，是一种构造简单、结构合理、效果明显、安全和适应性很强的浅基形式。护坦顶面须设置在河床面以下1～2m，宽度为1.5～3m，常用于沿河路基坡脚防护，也可用于丁坝、挡墙、护坡、桥墩和桥台的基础防护 |
|---|---|

| 铅丝石笼 | 当山区沿河公路路基边坡或河岸受到水流冲刷或波浪冲击，且防护工程的基础不易处理时，可以采用石笼防护。一般采用钢丝（可用3～5年）、镀锌钢丝（可用8～12年）编织，并用钢筋做骨架。铅丝石笼常用于速度5～6m/s，波浪高度1.5～1.8m的水流 |
|---|---|

续上表

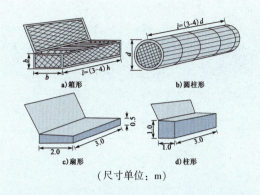

(尺寸单位：m)

| 丁坝 | 丁坝又称挑流坝，是与河岸正交或斜交伸入河道中的河道整治建筑物。丁坝有长短之分，长丁坝使水流动力轴线发生偏转，趋向对岸，起挑流作用；短丁坝起局部调整水流保护河岸的作用。由丁坝组成的护岸工程，能控导流势、保护堤岸，又有束狭河床、堵塞岔口和淤填滩岸的作用。丁坝由坝基和坝头组成，其平面形状呈直线形或拐头形。坝头多为流线型、圆头形或斜线形 |
|---|---|

| 顺坝 | 顺坝是河道整治纵向建筑物。坝身一般较长，与水流方向大致平行或有很小交角，沿治导线布置，具有束窄河槽、引导水流、调整岸线的作用，因此又称作导流坝。顺坝常常布设在水流分散的过渡段，分汊河段的分、汇流区，急弯和凹岸尾部，以及河口治理段。对于堤前滩地较窄的堤防，可设置与堤岸线基本平行的顺坝 |
|---|---|

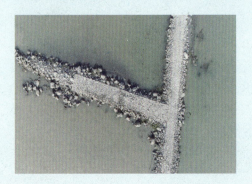

续上表

| | |
|---|---|
| 导流堤 | 导流堤也称导水堤或引水坝,用以平顺引导水流或约束水流,有平行线形、扩散形及弯曲形,用土石料或砌石等筑成。在不稳定河道上,为保证灌溉取水,常采用导流堤式渠首,在引水口下端筑堤,并向河道上游主流方向延伸,能集中、束缩、平顺引导水流进入进水闸。如河流不稳定而又多泥沙时,用导流堤形成稳定的引水弯道式取水渠首,并能造成人工环流,将表层水导入进水闸而将含沙量较大的底流导入冲沙闸,起引水防沙作用。导流堤设置在泄水、冲沙或其他过水建筑物的进口或出口,可以分隔、约束、平顺、引导水流进出,避免干扰、淤积,保护岸坡或其他建筑物不受冲刷 |
|  | |
| 抛石防护 | 抛石防护主要用于沿河公路路基边坡、桥梁墩台及丁坝等坡脚和基础的冲刷防护,也可用于洪水对边坡和建筑物基础冲刷、掏空时的抢险 |
|  | |

## 5.5 路基沉陷与塌陷防治措施

### 5.5.1 路基沉陷防治措施

路基沉陷防治措施见表5-12。

**路基沉陷防治措施** 表 5-12

| 防治措施 | 治理方法 |
|---|---|
| 阻断水源 | 排除或阻断流向路基的水源 |
| 换填法 | 填土换填法主要在路基沉陷不深且面积较小时采用。换填法将原受损路基中的填料挖除，更换成符合规范的填料重新整平压实。所用换填土宜选择塑性指数优良的粉质黏土或砂砾土。挖除病害的路基时面积应适当扩大，并呈台阶形状，填土时由下往上逐层填筑，碾压密实，压实度应较原来的压实度高出1%~2%。这种方法简便易行，在实际中应用较为广泛 |
| 固化剂法 | 固化剂分为液态和固态两类。液态的固化剂主要是水玻璃；固态的固化剂有石膏、石灰、水泥等。当路基发生沉陷时，如路基填料受限且要求数量较小，可以在原填料中混合一些固化剂进行加固处理。固化剂的种类和用途不同，在公路工程施工中应根据不同的需求及填料土的性质来选择 |
| 地基处理加固法 | 地基处理可以采用粉喷桩法、生石灰桩及灰土、碎石和干拌水泥碎石桩挤密法等 |
| 压力注浆法 | 压力注浆法通过注浆管使浆液在一定的压力作用下渗透、充填路基的空隙或砂石间的空间，经过一段时间的人工控制，使原本松散的路基变成强度高、结合成一体的新路基实体，实现路基强度的增加。这种方法适用于路基沉陷面积大、深度大的情况 |
| 采用土工合成材料 | 采用土工合成材料，如采用高强度塑料土工格栅、土工筋带等，其作用原理是在填土之后，土体和拉筋带之间的摩擦力改善了土的物理力学性质，从而使填土和拉筋带结合成一个整体，阻止了土体滑移且在路基沉陷过程中形成连续沉陷，从而防治路基不均匀沉降 |

### 5.5.2 路基岩溶塌陷防治措施

岩溶塌陷的防治处理方法主要包括：增强岩溶化岩体或土体强度，减少上部荷载，控制水动力条件，构建联合基础等。在进行建（构）筑物布置时，应先将岩溶和土洞的位置勘察清楚，设法避开有威胁的岩溶和土洞区，实在无法避开时，针对实际情况做出相应的防治措施，主要措施包括填堵，跨越，强夯，灌注，深基础，疏、排、围、改治理，平衡地下水气压以及综合治理等方法，见表5-13。

**岩溶塌陷防治措施** 表 5-13

| 防治措施 | 治理方法 |
|---|---|
| 填堵法 | 填堵法主要适用于浅部土洞、塌陷情况。清除溶洞或土洞中的松土后，填以碎石、块石等，再覆盖黏土并分层夯实，可改善地基土的工程性质，防止塌陷的发生。为防止潜蚀的发生，可以在回填土洞的碎石上设置反滤层。对于重要构筑物可将坑底或洞底与基岩面的通道堵塞，开挖回填混凝土或进行灌浆处理 |

续上表

| 防治措施 | 治理方法 |
|---|---|
| 跨越法 | 对塌陷坑或隐伏土洞较深较大、开挖回填有困难的岩溶塌陷，可采用跨越方案，如桥梁跨越、地基板跨越、框架梁跨越、渡槽跨越等。也可采用长梁式基础、桁架式基础或刚性大平板等方案跨越，但两端支撑点必须设置在较完整的岩石上或可靠的持力层上，并注意其承载能力和稳定性 |
| 强夯法 | 强夯法是通过重锤下落时的强烈冲击波对土体进行夯实加固。此方法既可夯实塌陷区松软的土层和塌陷坑内的回填土，又可消除隐伏土洞和软弱带，是一种治理与预防相结合的措施 |
| 灌注法 | 灌注法是把灌注材料通过钻孔或岩溶通道进行灌浆。其目的是强化土层和洞穴填充物、充填岩溶洞隙、拦截地下水流、加固地基。灌注材料主要是水泥、碎料（砂、矿渣等）、速凝剂（水玻璃、氯化钙）等，灌注方式采用低压间歇定量式或循环式灌浆，对于土洞，可在洞体范围内的顶板打孔灌砂或砂砾。灌注法应注意灌满并达到一定密实度 |
| 深基础法 | 对于一些深度较大、采用跨越结构无法防治的塌陷坑，采用深基础是一种较理想的方法，常使用打入桩、钻孔灌注桩、旋喷桩、沉井等，将基础置于稳定性好、强度高的岩土层 |
| 疏、排、围、改治理法 | 塌陷坑往往成为地表水倒灌的进口，因此，采用疏排方式把地表水引开。易产生洪泛的地区要把塌陷坑四周围起来，并尽快回填。当塌陷坑在河床两侧或河床内时，根据具体情况可考虑将河床改道绕行 |
| 平衡地下水气压法 | 在一些岩溶空腔内，由于水位升降会产生水气压力的变化，为防止或消除气爆、气蚀效应，可设置各种与岩溶管道相通的装置，以保持地表与地下的水气压力平衡，消除引起塌陷的动力 |
| 综合治理法 | 由于岩溶地区地貌、地质、水文地质条件复杂，采用单一的方法往往收不到理想的治理效果，可视具体情况，针对塌陷产生的诸多因素采用多种方法综合治理 |

### 5.5.3 采空塌陷防治工程

对于地下开采矿产遗留的采空区，通常的处理方法有封闭、崩落、加固和充填四类，有时可采用几类方法联合进行处理，见表5-14。

公路下伏采空区治理措施　　　　　　　　　　表 5-14

| 采空类型 | 治 理 方 法 |
|---|---|
| 小型采空区 | ①隐患较大，易发生突然变形，对公路危害严重，因此线路一般以绕避为宜。若必须通过，也必须尽可能查明情况，彻底治理，不留后患。<br>②地下水位的变化对小型采空区影响较大，因此对小型采空区附近的工、农业抽水以及水库水位变化，要作为重要因素予以慎重考虑。<br>③用洞探的方法查清线路基底的坑洞，进行回填处理，回填材料一般用毛石混凝土或粉煤灰。<br>④采用桥梁跨越小型采空区，使桥梁基础置于坑洞底板以下。<br>⑤用探灌结合的方法进行处理。但当坑洞较大时，灌注数量难以估计，钻探量大，质量不好控制。<br>⑥以隧道通过小型采空区时，应慎重查明其下的小型采空情况。对有突然陷落可能的采空区，应进行回填处理并留净空，增加沉降缝，加强衬砌和基底的结构强度。若情况难以查明时，线路应予以绕避。<br>⑦加强建筑物基础及上部结构刚度 |
| 老采空区 | ①采用覆岩离层注浆技术控制地层沉降。<br>②采用阻隔地表非线性变形向地面构筑物传递的技术，如设计活动基础等。对于公路工程，如改变路基、路面结构，应用新型路面材料提高路基路面抗变形能力。<br>③采用覆岩扩容（胶结）控制岩体沉降技术，主要指注浆、矸石充填等。<br>④构筑墩柱支撑覆岩，包括灌注柱、干砌或浆砌地下柱墙等 |
| 大型采空区<br><br>现采空区 | 在已有公路建筑物的地下开采，或线路要通过正开采的矿区时，常采取以下保护措施，防止地表和建筑物变形：<br>①留设保护矿柱。<br>②改变开采工艺，减小地表下沉量。如：<br>a）采取充填法处理顶板，及时全部充填或分次充填，以减少地表下沉量；<br>b）减少开采厚度或采用条带法（房柱式）开采，使地表变形值不超过建筑物的容许极限值；<br>c）增大采空区宽度，使地表移动充分、建筑物很快处于盆地中部均匀下沉区；<br>d）控制开采的推进速度，均匀合理进行协调开采。<br>③加强建筑物基础刚度和上部结构强度。<br>④加强维修养护，在地表变形期特别是变形活跃期，应加强巡视，对建筑物加强观测，发现变形及时维修。<br>⑤松土坑洞已坍塌成的陷坑空洞较小时，仅做地表夯实，可不做其他处理。<br>⑥坑洞埋深较深，可用试坑和分段拉槽的方法用普通土或卵石土灌注回填夯实。<br>⑦对建筑有影响且埋深较浅的采空区，可用开挖回填法处理。<br>⑧埋深较大，面积较大的采空区可用钻孔压力注浆处理。<br>⑨根据洞穴变形的预测值，选择相应的和允许变形的建筑结构形式 |

# 第 6 章

# 公路地质灾害防护工程养护

为保持防护构筑物及其附属设施的正常使用而进行的经常性保养、维修，预防和修复灾害性损坏，以及为提高其使用质量而进行的加固、修缮或增建，称为防护工程养护。

按照养护目的和养护设施差异，防护工程养护分为预防养护、修复养护、专项养护和应急养护，见表6-1。

防护工程养护分类　　　　　表6-1

| 类　型 | 特　征 |
| --- | --- |
| 预防养护 | 针对防护结构物在结构强度充足、功能性能保持良好或有较轻微病害的情况下，以预防性能过快衰减，延长使用寿命为目标而采取的主动养护工程 |
| 修复养护 | 在防护结构物已出现明显病害或部分丧失服务功能的情况下，以恢复技术状况为目标，针对防护结构物发生的不同程度损坏而进行的功能性、结构性修复、加固、改造或重建 |
| 专项养护 | 以恢复、完善和保持公路服务能力为目标而集中实施的各类专项修复和定期更换等工程 |
| 应急养护 | 地质灾害发生后造成公路设施损毁，以最快速度恢复公路通行为目标，针对造成公路中断或者严重影响公路安全通行的损害而实施的应急性抢通、保通、抢修及灾毁修复工程 |

1）防护工程养护的目的

运用先进的技术和科学手段，合理分配和使用养护资金，通过科学养护和及时维修，保持防护构筑物完好，延长其使用寿命，确保行车安全、快速、舒适、经济，以使公路在设计使用年限内能够具有较高的使用品质和服务质量，正常发挥其功能。

2）防护工程养护的原则

（1）防护工程养护应遵循"早发现、早预防、早整治"的原则，做到"预防为主、防治结合、一次根治、不留后患"。

（2）防护工程养护必须优先考虑地质灾害防护工程的稳定和安全，全面开展对防护工程各构造物的养护，确保构造物正常运行，同时应充分考虑构造物间的协调和构造物与自然地理、周边环境的协调。

（3）加强对防护工程的巡检，掌握防护工程的实际情况，开展防护工程经常性日常养护，结合季节特征开展周期性养护工作。

## 6.1 防护工程检查

防护工程检查分为日常巡查、定期检查和特殊检查。日常巡查指以目测为主，针对边坡坡面、排水设施及防护构造物等进行的一般性检查；定期检查指进行安全风险评估，按规定的方法对防护工程各部位进行的全面检查；特殊检查是在日常巡查和定期检查的基础上，进行专门勘察、试验和检测，有针对性的深入补充检查，以进一步查明病害原因或破坏程度。

### 6.1.1 日常巡查

日常巡查主要是指对防护工程及附属构造物的技术状况进行检查。

1）巡查范围

公路沿线可视范围内的边坡、边坡构造物、边坡排水设施、地质灾害防治工程等。

2）巡查周期

日常巡查可每周一次，可结合每日路况巡查一并开展，地震、汛期、暴雨等恶劣天气期间应适当加密。

3）巡查内容

（1）外观是否整洁，构件表面有无损坏、老化、变色、开裂、起皮、剥落、锈迹。

（2）路基是否有沉陷、滑移变形。

（3）急流槽、排水沟、截水沟等排水设施是否良好，是否堵塞、破损、断裂。

（4）检查坡面完整性，是否有剥落、落石、溜塌、泥流等。

（5）边坡坡体有无裂缝发展，如有裂缝，判断其发展趋势。

（6）护面墙、骨架植草、挡土墙、防护网等坡面防护工程有无变形开裂、勾缝脱落、剥落、鼓胀、渗水等。

（7）柔性防护网是否网材撕裂、积渣外鼓、锚杆失效，消能装置是否启动，材料构件是否有锈蚀。

（8）锚杆（锚索）是否锈蚀、失效、断裂。

（9）挡墙是否有变形开裂、鼓胀、沉降、倾斜、坍塌、基础外露等。

（10）抗滑桩是否桩身开裂、倾斜、失效等。

（11）其他显而易见的损坏或病害。

4）检查方法

采用人工目测方法为主，也可配以简单工具进行测量。

5）检查工具

基本检查工具包括照相机、裂缝测宽仪、激光测距仪、望远镜、梯子、照明工具、钢卷尺、记录表、记录笔等。

6）现场记录基本要求

养护人员需根据日常巡查结果，现场登记所检查项目的缺损类型，估计缺损范围及养护工作量，提出相应的小修保养措施。记录的内容应准确、完整、表述清楚，字迹清晰、工整，照片清晰并记录照片编号，以便录入电子版时进行查询、对照。

7）检查工作流程

（1）制订检查计划。

①明确检查对象，准备防护工程基本状况卡片和经常检查记录表空表，收集防护工程竣工图纸、检测报告（包括经常检查、定期检查和特殊检查，以及试验的成果等）或记录等。

②确定检查人员并详细分工。

③准备检查工具、装备及车辆。

④具体工作内容及时间计划。

（2）开展现场检查。

检查发现的病害，记录病害的缺损类型、缺损范围和保养措施建议。

（3）根据检查结果制定应对措施。

防护工程出现致命病害或失效时应立即上报，并采取相应交通管制措施，如限载、限行，设置隔离带等。防护工程遭受突发自然灾害时，如遇地震、洪水、泥石流、冰雪等，养护人员应立即上报，并立即采取相应应急交通管制措施。

（4）检查结束提交检查文件。

①防护工程日常巡查记录表。应清晰注明缺损类型、估计缺损范围及养护工作量，提出相应的小修保养措施。

②日常巡查中发现防护工程存在明显缺损时，应及时向上级提交专项报告。

## 6.1.2 定期检查

1）检查周期要求

（1）定期检查的周期根据技术状况确定，最长不得超过3年。

（2）新建防护工程交付使用一年后，进行第一次全面检查，临时防护工程每年不少于一次检查。

（3）重要部（构）件缺损的防护工程，立即安排一次定期检查。

2）检查方法

定期检查以目测观察结合仪器观测进行，必须接近各部件，以检查防护工程各部件的缺损情况。

3）检查的基本内容

（1）现场基本数据。

（2）记录各部件缺损状况并做出技术状况评价。

（3）实地判断缺损病害，确定维修范围及方式。

（4）对难以判断损坏原因和程度的部件，提出特殊检查（专门检查）的要求。

（5）根据防护工程的技术状况，确定下次检查时间。

### 6.1.3 特殊检查

1）检查项目

特殊检查项目应包括以下内容：

（1）预应力锚杆（索）、挡土墙、抗滑桩等防护工程的材料强度、结构应力应变等项目。

（2）隐蔽部位的无损检测。

（3）必要的水文和地质勘察。

2）检查报告

特殊检查报告宜包括以下内容：

（1）描述防护工程的基本情况、检查时间、检查人员、检查设备和工作过程等。

（2）检查项目、方法、检测数据、分析过程及结论等。

（3）养护建议及其他必要的说明。

## 6.2 防护工程评价

公路地质灾害防护工程在使用过程中由于受到施工、自然环境等因素的影响，总是存在一定缺陷，甚至还会产生缺损。当缺损发展到一定程度时，就会影响防护工程的使用功能。可采用评价缺损状况的方法来评定工程的技术状态。

借鉴现行《公路养护技术规范》（JTG H10）中桥梁各部件技术状况的评定方法，根据缺损程度（大小、多少或轻重）、缺损时对结构使用功能影响程度（无、小、大）和缺损发展变化状况（趋向稳定、发展缓慢、发展较快）三个方面，以累计加权评分法对防护工程技术状况（缺损状况）做出等级评定（表6-2），同时根据防护工程技术状况评定标准（表6-3）进行评价分级。

**防护工程技术状况评定** 表6-2

| 破损状况及标度 | | | 组合评定标度 | | | | | |
|---|---|---|---|---|---|---|---|---|
| 破损程度及标度 | | 程度 | 小→大 | | | | | |
| | | | 少→多 | | | | | |
| | | | 轻度→严重 | | | | | |
| | | 标度 | 0 | 1 | 2 | — | — | — |
| 破损对结构使用功能的影响程度 | 无、不重要 | 0 | 0 | 1 | 2 | | | |
| | 小、次要 | 1 | 1 | 2 | 3 | | | |
| | 大、重要 | 2 | 2 | 3 | 4 | | | |
| 以上两项评定组合标度 | | | 0 | 1 | 2 | 3 | 4 | |
| 破损发展变化情况的修正 | 趋向稳定 | −1 | 0 | 1 | 2 | 3 | — | |
| | 发展缓慢 | 0 | 0 | 1 | 2 | 3 | 4 | |
| | 发展较快 | +1 | 1 | 2 | 3 | 4 | 5 | |
| 最终评定的标度 | | | 0 | 1 | 2 | 3 | 4 | 5 |
| 分项工程技术状况及分类 | | | 完好 | 良好 | 较好 | 较差 | 差 | 危险 |
| | | | 一类 | 二类 | 三类 | 四类 | 五类 | |

**防护工程技术状况评定标准** 表6-3

| 分级 | 具体评定标准 |
|---|---|
| 一类<br>（完好、良好状态） | ①主要组件功能及材料良好。<br>②次要组件无明显变形。<br>③工程措施的承载能力符合设计指标 |
| 二类<br>（较好状态） | ①主要组件功能良好，其材料局部（3%以内）有轻度缺损，结构裂缝宽度小于极限值，主要组件完好率达到95%以上。<br>②次要组件有局部变形。<br>③工程措施的承载能力达到设计标准 |
| 三类<br>（较差状态） | ①主要组件10%以内有缺陷，结构裂缝超限，出现轻度功能性病害，但发展缓慢，尚能发挥正常作用。<br>②次要组件出现较大变形，如果进一步恶化，就会影响工程措施的正常使用。<br>③工程措施的承载能力（抗滑能力）比设计降低10%以内 |

续上表

| 分　　级 | 具体评定标准 |
| --- | --- |
| 四类<br>（差状态） | ①主要组件10%～20%有严重缺陷，结构裂缝超限，出现中等功能性病害，且发展较快，结构变形小于或等于规范值，功能明显降低。<br>②次要组件20%以上有严重缺损，失去应有的功能，严重威胁交通安全。<br>③工程措施的承载能力（抗滑能力）比设计降低10%～25% |
| 五类<br>（危险状态） | ①主要组件出现严重的功能性病害，而且有继续扩展迹象。关键部位的部分材料强度达到极限状态，结构变形大于规范值，随时危及交通安全。<br>②工程措施的承载能力降低25%以上，必须连续监测灾情或封闭交通 |

一类（完好、良好状态）可采取日常养护管理措施；二类（较好状态）应加强养护管理，必要时增加监测措施；三类（较差状态）应进行维修，加强养护管理并增加监测措施，加强管控；四类（差状态）需通过特殊检查，进行风险警示，制订预案，确定专项加固措施；五类（危险状态）需启动应急预案及交通管制，连续监测，进行应急检查确定处置对策或立即进行抢险。

## 6.3　防护工程养护

### 6.3.1　养护技术要求

防护工程养护技术要求：①确保防护工程及其各类附属构造物运行状态良好，避免安全隐患。②经常进行防护工程巡视检查，做好巡视检查记录，发现问题及时上报，及时处理。③对各种防护工程设施应经常检查、维护，以保证其处于良好状况，发现破损及时修复。④对有变形迹象的防护工程做好监测、观察工作，并做好记录和分析；发现隐患应及时组织处置，对重大隐患要立即采取应急处置措施，并上报上级有关部门。⑤防护工程养护管理工作应注意现场作业安全，配备必要的安全设施，相应人员应进行岗前安全培训。

### 6.3.2　坡面养护

边坡坡面养护工作的目的是保持其稳定性，即边坡坡面应保持平顺、坚实、无裂缝。严禁在边坡上及路堤坡脚、护坡道上挖土取料或种植农作物。

对于岩质路堑边坡，应经常注意边坡坡面岩石风化发展情况以及边坡上的危岩、孤石的变动，发现问题应及时采取措施进行处理，如抹面、喷浆、勾缝、灌浆、嵌补、锚固等，以免堵塞边沟或危及行车和行人安全。

对于土质路堑边坡、碎落台、护坡道等，如经常出现缺口、冲沟、沉陷、塌落或受洪水、边沟流水冲刷及浸水时，应根据水流、土质等情况，选用种草、铺草皮、栽灌木丛、铺柴束、干砌或浆砌片石护坡等措施，进行防护和加固。

当边坡发生坍塌需要嵌补回填处理时，不能在边坡上贴土修补，应在毁坏的地段从上到下先挖成台阶，再分层填土夯实，夯实后的宽度要稍超出原来的坡面，以便切出坡面，与原坡面平顺衔接。

边坡上的植被对保护边坡坡面和防止地表水入渗非常重要，不能随意铲除边坡植被，并禁止在边坡上割草、放牧。

坡面的常见病害有掉块落石、开裂、冲刷、沉陷、坍塌等，其病害成因和防治措施见表6-4。

坡 面 养 护　　　　　　　　　表6-4

| 图　片 | 内　容 |
| --- | --- |
| <br>风化剥落 | 病害类型：风化剥落。<br>记录内容：桩号位置、坡度、长度、宽度、剥落厚度。<br>病害成因：由于受水、大气、气温或植物作用，导致坡面表层岩土体疏松，失去原有强度，剥落脱离。<br>防治措施：柔性防护网、挂网喷射混凝土或片石护坡等 |
| 掉块落石 | 病害类型：掉块落石。<br>记录内容：桩号位置、坡度、长度、宽度、落石尺寸。<br>病害成因：由于受水、大气、气温或植物作用，导致坡面表层岩土体疏松，失去原有强度，掉块落石。<br>防治措施：裂缝夯填、柔性防护网、挂网喷射混凝土等 |
| <br>流石流泥 | 病害类型：流石流泥。<br>记录内容：桩号位置、坡度、长度、宽度、堆积体物质成分、规模等。<br>病害成因：由于受地形、降雨、植被砍伐等影响，导致坡面覆盖层岩土体疏松，失去原有强度，在外力（水动力）作用下沿坡面溜滑。<br>防治措施：修筑截排水沟、急流槽、裂缝夯填、植树种草等 |

续上表

| 图片 | 内容 |
|---|---|
| <br>表层溜滑 | 病害类型：表层溜滑。<br>记录内容：桩号位置、长度、宽度、滑体物质、滑体厚度、规模等。<br>病害成因：由于受水、大气、气温或植物作用，导致坡面覆盖层岩土体疏松，失去原有强度，发生溜滑。<br>防治措施：裂缝夯填、挂网喷射混凝土、修筑截排水沟、坡脚挡墙、植树种草等 |

### 6.3.3 排水系统养护

排水系统能否正常工作，直接影响防护工程的稳定性。因此，加强排水设施的日常养护与维修，是确保边坡稳定的关键环节。截排水设施常见病害有淤堵、渗漏、断裂、冲刷、冲毁、移位等。

对边沟、截水沟、排水沟、渗沟（盲沟）以及暗沟（管）等排水设施，应保持水流通畅，并防止水流集中冲刷边坡。特别是汛前，应全面检查；雨中必须上路巡查，及时排除堵塞、疏导水流；暴雨后应进行重点检查，如有冲刷、损坏，须及时修理加固，如有堵塞应立即清除疏通。排水系统养护见表6-5。

**排水系统养护** 表6-5

| 图片 | 内容 |
|---|---|
| <br>水沟断裂 | 病害类型：水沟断裂。<br>记录内容：桩号位置、坡度、断裂长度、错断高度、损毁程度。<br>病害成因：由于受地表径流冲蚀、坡体变形、风化剥落、长期滞水等影响导致排水沟断裂。<br>防治措施：清除破损部位，夯实填土、夯填裂缝、修复截排水系统等 |
| <br>沟侧冲刷 | 病害类型：沟侧冲刷。<br>记录内容：桩号位置、坡度、冲刷长度、冲蚀深度、水沟基础外露情况，水沟损毁变形情况。<br>病害成因：由于受地表径流冲蚀导致排水沟变形损毁失效。<br>防治措施：夯填冲蚀部位，使坡面径流汇水于截排水系统等 |

续上表

| 图　片 | 内　容 |
|---|---|
| <br>水沟淤堵 | 病害类型：水沟淤堵。<br>记录内容：桩号位置、坡度、淤堵长度、滞水情况、水沟损毁变形情况。<br>病害成因：由于淤积导致排水沟变形损毁失效。<br>防治措施：及时清淤，修复截排水系统等 |
| <br>沟底冲刷 | 病害类型：沟底冲刷。<br>记录内容：桩号位置、坡度、冲刷长度、冲蚀深度、水沟底板破损情况，水沟损毁变形情况。<br>病害成因：由于受径流冲蚀导致排水沟底板变形损毁失效。<br>防治措施：夯填冲蚀部位，放缓坡度、加强基础、重筑排水沟底板 |
| <br>沟邦倾倒 | 病害类型：沟邦倾倒。<br>记录内容：桩号位置、坡度、倾倒长度、沟底冲蚀深度、水沟底板破损情况，基础外露情况、水沟损毁变形情况。<br>病害成因：由于受径流冲蚀导致排水沟侧倾倒、底板变形损毁失效。<br>防治措施：夯填冲蚀部位，放缓坡度、重筑排水沟 |
| <br>水沟冲毁 | 病害类型：水沟冲毁。<br>记录内容：桩号位置、坡度、冲毁长度、冲蚀深度、沟底基础破损情况，水沟损毁变形情况。<br>病害成因：由于受径流冲蚀导致排水沟变形损毁失效。<br>防治措施：夯填冲蚀部位，放缓坡度、加强基础、重筑排水沟 |

续上表

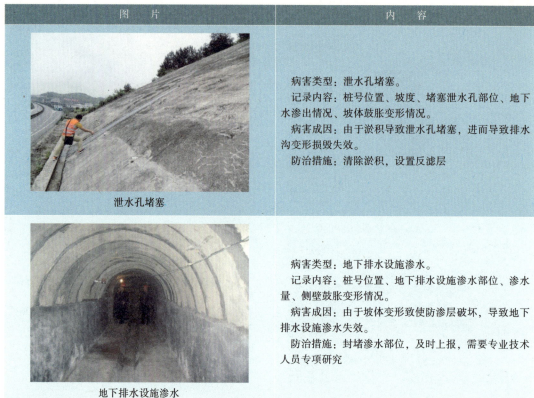

| 图片 | 内容 |
|---|---|
| 泄水孔堵塞 | 病害类型：泄水孔堵塞。<br>记录内容：桩号位置、坡度、堵塞泄水孔部位、地下水渗出情况、坡体鼓胀变形情况。<br>病害成因：由于淤积导致泄水孔堵塞，进而导致排水沟变形损毁失效。<br>防治措施：清除淤积，设置反滤层 |
| 地下排水设施渗水 | 病害类型：地下排水设施渗水。<br>记录内容：桩号位置、地下排水设施渗水部位、渗水量、侧壁鼓胀变形情况。<br>病害成因：由于坡体变形致使防渗层破坏，导致地下排水设施渗水失效。<br>防治措施：封堵渗水部位，及时上报，需要专业技术人员专项研究 |

### 6.3.4 坡面防护工程养护

1）喷护

喷护常见病害有表面风化剥落、露筋、空鼓脱落、变形开裂、沉降错台、泄水孔堵塞、渗水、涌水等，见表6-6。

喷护养护    表6-6

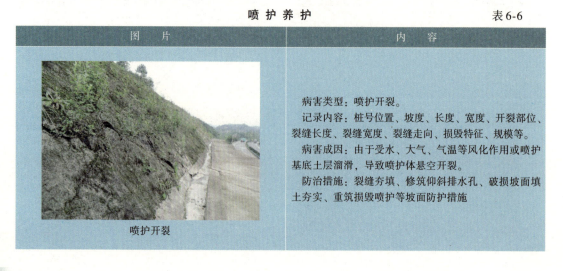

| 图片 | 内容 |
|---|---|
| 喷护开裂 | 病害类型：喷护开裂。<br>记录内容：桩号位置、坡度、长度、宽度、开裂部位、裂缝长度、裂缝宽度、裂缝走向、损毁特征、规模等。<br>病害成因：由于受水、大气、气温等风化作用或喷护基底土层溜滑，导致喷护体悬空开裂。<br>防治措施：裂缝夯填、修筑仰斜排水孔、破损坡面填土夯实、重筑损毁喷护等坡面防护措施 |

续上表

| 图 片 | 内 容 |
|---|---|
| 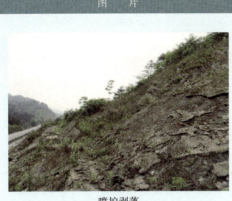<br>喷护剥落 | 病害类型：喷护剥落。<br>记录内容：桩号位置、坡度、长度、宽度、剥落部位、剥落部位坡面特征、喷护有无悬空、损毁特征、剥落规模等。<br>病害成因：由于受水、大气、气温等风化作用或喷护基底土层溜滑，导致喷护体剥落。<br>防治措施：裂缝夯填、修筑仰斜排水孔、破损坡面填土夯实、重筑损毁喷护等坡面防护措施 |
| <br>喷护滞水 | 病害类型：喷护滞水。<br>记录内容：桩号位置、坡度、长度、宽度、滞水部位、出水口位置、流水颜色、成分特征等。<br>病害成因：由于坡体内部排水不畅，导致喷护滞水。<br>防治措施：修筑仰斜排水孔等坡体排水措施 |

2）护面墙

护面墙常见病害有勾缝脱落、松动掉块、墙身裂缝、泄水孔堵塞、渗流涌水等，见表 6-7。

**护 面 墙 养 护** 表 6-7

| 图 片 | 内 容 |
|---|---|
| 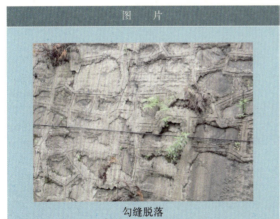<br>勾缝脱落 | 病害类型：勾缝脱落。<br>记录内容：桩号位置、坡度、勾缝脱落长度、宽度、是否有水渗出、出水口位置、流水颜色、成分特征等。<br>病害成因：由于风化作用或坡体内部排水不畅，导致勾缝脱落。<br>防治措施：修筑仰斜排水孔、修补勾缝等 |

续上表

| 图　片 | 内　容 |
|---|---|
| <br>鼓胀变形 | 病害类型：鼓胀变形。<br>记录内容：桩号位置、坡度、长度、宽度、鼓胀部位、是否有水渗出、出水口位置、流水颜色、成分特征等。<br>病害成因：由于坡体内部排水不畅或边坡土体滑移导致护面墙鼓胀开裂。<br>防治措施：修筑仰斜排水孔、坡脚挡墙等措施 |
| <br>渗流涌水 | 病害类型：渗流涌水。<br>记录内容：桩号位置、坡度、长度、宽度、渗流涌水部位、出水口位置、流水颜色、成分特征等。<br>病害成因：由于坡体内部排水不畅，护面墙坡脚渗流涌水。<br>防治措施：修筑仰斜排水孔、夯填裂缝等 |
| <br>步道破损 | 病害类型：步道破损。<br>记录内容：桩号位置、坡度、长度、宽度、破损部位等。<br>病害成因：由于风化作用、水流冲刷或边坡土体滑移导致步道破损。<br>防治措施：修复破损部位、夯填边坡裂缝、增设急流槽等排水措施 |

续上表

| 图 片 | 内 容 |
|---|---|
| <br>浆砌片石护坡开裂 | 病害类型：浆砌片石护坡开裂。<br>记录内容：桩号位置、坡度、长度、宽度、开裂部位、是否有水渗出、出水口位置、流水颜色、成分特征等。<br>病害成因：由于坡体内部排水不畅或边坡土体滑移导致浆砌片石护坡开裂。<br>防治措施：修筑仰斜排水孔、修复破损护坡、夯填裂缝等措施 |

3）骨架防护

骨架防护主要病害为开裂、鼓胀、脱落等。浆砌片石骨架护坡养护应观察护坡有无局部脱落、沉陷、滑动、下沉、隆起、裂缝等现象以及坡面是否有涌水及渗水状况，泄水孔是否起作用等。对于这些病害，如果边坡整体稳定，一般可采用嵌补或翻修的方法处置，见表6-8。

**骨 架 防 护 养 护** 表6-8

| 图 片 | 内 容 |
|---|---|
| <br>骨架开裂 | 病害类型：骨架开裂。<br>记录内容：桩号位置、坡度、长度、宽度、开裂部位、裂缝宽度、裂缝深度、钢筋锈蚀状况、规模等。<br>病害成因：由于受水、大气、气温等风化作用或骨架基底土层溜滑，导致骨架表层开裂或骨架悬空。<br>防治措施：裂缝夯填、修筑截排水沟、裂缝修补、坡脚挡墙、植树种草等坡面防护措施 |
| <br>骨架损毁 | 病害类型：骨架损毁。<br>记录内容：桩号位置、坡度、长度、宽度、损毁部位、损毁特征、规模等。<br>病害成因：由于受水、大气、气温等风化作用或骨架基底土层溜滑，导致骨架损毁。<br>防治措施：裂缝夯填、修筑截排水沟、坡面填土夯实、重筑损毁骨架护坡、植树种草等坡面防护措施 |

4）柔性防护结构

柔性防护结构常见病害有消能装置启动、系统倒塌、网下架空、缝合绳脱落、网材锈蚀、锚杆松动、基座变形、网材破损撕裂、积渣外鼓等，见表6-9。

柔性防护结构养护　　　　　　　　　　　表6-9

| 图　片 | 内　容 |
|---|---|
| 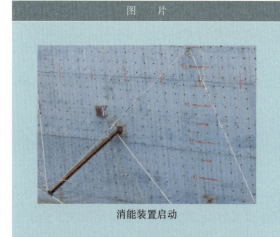<br>消能装置启动 | 病害类型：消能装置启动。<br>记录内容：桩号位置、坡度、长度、宽度、启动消能装置所在位置、启动个数、锚杆状况、落石粒径、规模等。<br>病害成因：柔性防护网拦截或引导落石过程中正常消能过程引起消能装置启动；柔性防护网自重超过消能装置启动力导致消能装置启动；安装过程中施加力过大，导致消能装置启动；构件不合格。<br>防治措施：随时更换消能装置 |
| <br>网材撕裂破损 | 病害类型：网材撕裂破损。<br>记录内容：桩号位置、坡度、长度、宽度、撕裂部位、撕裂尺寸、锚杆状况、落石粒径、规模等。<br>病害成因：由于风化作用或震动导致边坡岩体崩落，损毁柔性防护网。<br>防治措施：清除危岩、修复防护网等措施 |
| <br>材料锈蚀 | 病害类型：材料锈蚀。<br>记录内容：桩号位置、坡度、长度、宽度、锈蚀构件、锈蚀程度等。<br>病害成因：雨水、紫外线等自然因素造成的锈蚀；运输、施工过程中对金属材料防腐层破坏造成的锈蚀；柔性防护网因防腐质量不合格造成的锈蚀。<br>防治措施：及时更换成满足防护年限要求的材料 |

续上表

| 图 片 | 内 容 |
|---|---|
| <br>系统垮塌 | 病害类型：系统垮塌。<br>记录内容：桩号位置、坡度、长度、宽度、垮塌情况等。<br>病害成因：落石能级超出柔性防护网设计能级；结构不合理、采用不合格产品。<br>防治措施：及时更换成满足设计要求的柔性防护网 |
| <br>网下架空 | 病害类型：网下架空。<br>记录内容：桩号位置、坡度、长度、宽度、架空位置等。<br>病害成因：由于坡面岩石不断风化剥落掉块导致主动防护网防护单元格出现架空；施工过程中未按要求对主动防护网与山体凹陷处增设加固锚杆。<br>防治措施：山体凹陷处与网平面高度差超过50cm且长度大于1m时必须增设加固锚杆，并通过缝合绳将锚杆与金属网连接 |
| <br>缝合绳脱落 | 病害类型：缝合绳脱落。<br>记录内容：桩号位置、坡度、长度、宽度、脱落位置等。<br>病害成因：施工过程中缝合不到位或缝合错误；缝合绳绳卡数量不够或紧固不紧。<br>防治措施：及时根据设计要求正确缝合网片 |

续上表

| 图　片 | 内　容 |
|---|---|
| <br>锚杆松动或拔出 | 病害类型：锚杆松动或拔出。<br>记录内容：桩号位置、坡度、长度、宽度、松动或拔出部位、落石粒径、锚杆状况等。<br>病害成因：锚杆、基础设计不合理；施工中偷工减料；落石能级超出设计值等。<br>防治措施：重新打设，可根据实际情况调整锚杆长度、直径、基础规格等参数 |
| <br>基座变形 | 病害类型：基座变形。<br>记录内容：桩号位置、坡度、长度、宽度、变形部位、落石粒径、锚杆状况等。<br>病害成因：锚杆、基础设计不合理；施工中偷工减料等。<br>防治措施：重新打设，可根据实际情况调整锚杆长度、直径、基础规格等参数 |
| 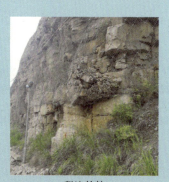<br>积渣外鼓 | 病害类型：积渣外鼓。<br>记录内容：桩号位置、坡度、长度、宽度、积渣部位、积渣体积、积渣粒径、锚杆状况等。<br>病害成因：由于风化作用、雨水、冰雪或震动等导致边坡岩体崩落。<br>防治措施：及时清理积渣 |

第6章 公路地质灾害防护工程养护

续上表

| 图 片 | 内 容 |
|---|---|
| <br>螺栓松动 | 病害类型：螺栓松动。<br>记录内容：桩号位置、松动情况、松动数量等。<br>病害成因：由于振动、风荷载等导致结构摇摆，螺栓松动。<br>防治措施：采用双螺母、防松胶等防松措施，提高螺栓抗松能力，频繁振动、风荷载的路段定期巡检、抽检 |

## 6.3.5 支挡工程养护

1）挡墙

挡墙主要病害为变形开裂、鼓胀剥落、沉降错位、倾斜滑移、损毁坍塌、基础外露等，见表6-10。

挡墙养护 表6-10

| 图 片 | 内 容 |
|---|---|
| <br>变形开裂 | 病害类型：变形开裂。<br>记录内容：桩号位置、墙面坡度、尺寸、变形部位、裂缝延展方向、宽度、深度、是否有水渗出、出水口位置、流水颜色、成分特征等。<br>病害成因：由于坡体内部排水不畅、基础沉降或边坡土体滑移导致挡墙变形开裂。<br>防治措施：修筑仰斜排水孔、修补破损部位、夯填裂缝等措施 |
| <br>鼓胀剥落 | 病害类型：鼓胀剥落。<br>记录内容：桩号位置、墙面坡度、尺寸、剥落部位、是否镂空、裂缝延展方向、宽度、深度、是否有水渗出、出水口位置、流水颜色、成分特征等。<br>病害成因：由于坡体内部排水不畅、风化作用导致挡墙鼓胀剥落。<br>防治措施：修筑仰斜排水孔、修补破损部位、夯填裂缝等措施 |

续上表

| 图片 | 内容 |
|---|---|
| <br>沉降错位 | 病害类型：沉降错位。<br>记录内容：桩号位置、墙面坡度、尺寸、沉降部位、基础是否滑移、沉降错位延展方向、地基土饱水状态、承载能力等。<br>病害成因：由于坡体内部排水不畅、地基沉降或坡体滑移作用导致挡墙沉降错位。<br>防治措施：修筑仰斜排水孔、修补破损基础及墙身、夯填坡体裂缝等措施 |
| <br>倾斜滑移 | 病害类型：倾斜滑移。<br>记录内容：桩号位置、墙面坡度、尺寸、滑移部位、基础是否滑移、滑移方向、坡体状态、基础状态及地基承载能力等。<br>病害成因：由于坡体内部排水不畅、地基沉降或坡体滑移作用导致挡墙倾斜滑移。<br>防治措施：修筑仰斜排水孔、修补破损基础及墙身、夯填坡体裂缝等措施 |
| <br>损毁坍塌 | 病害类型：损毁坍塌。<br>记录内容：桩号位置、墙面坡度、尺寸、坍塌部位、坍塌规模、坍塌方向、是否有水渗出、坡面状态等。<br>病害成因：由于坡体内部排水不畅、地基沉降或坡体滑移作用导致挡墙沉降错位。<br>防治措施：修筑仰斜排水孔、修补破损基础及墙身、夯填坡体裂缝等措施 |

## 第6章 公路地质灾害防护工程养护

续上表

| 图　片 | 内　容 |
|---|---|
| <br>基础外露 | 病害类型：基础外露。<br>记录内容：桩号位置、墙面坡度、尺寸、外露部位、基础是否滑移、是否有水渗出、沉降错位延展方向、地基土饱水状态、承载能力等。<br>病害成因：由于坡体内部排水不畅、坡脚冲刷或土体滑移作用导致挡墙基础外露。<br>防治措施：修补破损基础及墙身、修筑截排水系统、夯填坡体裂缝等措施 |

2）锚固结构

锚固结构主要病害有锚杆锚索断裂、锚头破损、基座松动下错、基座漏空、框架破损断裂、锚索松弛、框架坡面防护受雨水冲刷、框架内局部坍塌等，见表6-11。

**锚固结构养护**　　　　　　　　　　　　　　　　　　　　表6-11

| 图　片 | 内　容 |
|---|---|
| 锚杆锚索断裂 | 病害类型：锚杆锚索断裂。<br>记录内容：桩号位置、断裂部位、锈蚀情况、锚墩或框架状况、边坡土体是否滑移等。<br>病害成因：由于钢筋锈蚀或外力触发土体滑移作用导致锚杆锚索断裂。<br>防治措施：修整坡面、夯填裂缝、修筑坡脚挡墙或抗滑桩等支挡构筑物，锚索断裂及时上报，需要专业技术人员专项研究 |
| <br>基座（独立锚座、框架梁）松动下错 | 病害类型：基座松动下错。<br>记录内容：桩号位置、松动下错位置、基座地基土体是否滑移、坡面冲蚀情况、锚杆锈蚀情况、框架变形情况等。<br>病害成因：由于钢筋锈蚀、坡面冲蚀或基座土体滑移作用导致基座松动下错。<br>防治措施：修整坡面、夯实填土、夯填裂缝、修复框架及锚杆锚索、修筑坡脚挡墙或抗滑桩等支挡构筑物 |

127

续上表

| 图片 | 内容 |
|---|---|
| <br>基座漏空 | 病害类型：基座漏空。<br>记录内容：桩号位置、下错位置、框架基座地基土体是否滑移、坡面冲蚀情况、框架变形情况、边坡土体是否滑移等。<br>病害成因：由于钢筋锈蚀、坡面冲蚀或基座土体滑移作用导致基座漏空。<br>防治措施：修整坡面、夯实填土、夯填裂缝、修复框架及锚杆锚索、修筑坡脚挡墙或抗滑桩等支挡构筑物 |
| <br>框架破损断裂 | 病害类型：框架破损断裂。<br>记录内容：桩号位置、下错位置、基座部位、钢筋锈蚀情况、地基土体是否滑移、坡面冲蚀情况、框架变形情况、边坡土体是否滑移等。<br>病害成因：由于钢筋锈蚀、坡面冲蚀、基座土体滑移作用导致基座松动下错或锚杆锚索失效导致的坡体滑移。<br>防治措施：修整坡面、夯实填土、夯填裂缝、修复框架及锚杆锚索、修筑坡脚挡墙或抗滑桩等支挡构筑物，及时上报，需要专业技术人员专项研究 |
| <br>锚杆失效 | 病害类型：锚杆失效。<br>记录内容：桩号位置、失效部位、钢筋锈蚀情况、框架变形情况、边坡土体是否滑移等。<br>病害成因：由于钢筋锈蚀、坡面冲蚀、地下水作用，导致锚杆及锚固体失效。<br>防治措施：修整坡面、夯填裂缝、修复框架及锚杆、修筑坡脚挡墙或抗滑桩等支挡构筑物，及时上报，需要专业技术人员专项研究 |

续上表

| 图 片 | 内 容 |
|---|---|
| <br>锚索松弛 | 病害类型：锚索松弛。<br>记录内容：桩号位置、松弛部位、框架变形情况、框架基底是否悬空、边坡土体是否滑移等。<br>病害成因：由于钢筋锈蚀、坡面冲蚀引起的基底悬空、地下水作用，导致锚索松弛。<br>防治措施：修整坡面、夯填裂缝、修复框架及锚索、修筑坡脚挡墙或抗滑桩等支挡构筑物，及时上报，需要专业技术人员专项研究 |

3）抗滑桩

抗滑桩主要病害为保护层破损、桩身开裂、桩身倾斜（位移超限）、桩身断裂、桩间挡板裂缝断裂、桩周土体变形等，见表6-12。

抗 滑 桩 养 护　　　　　　　表6-12

| 图 片 | 内 容 |
|---|---|
| <br>保护层破损、桩身开裂 | 病害类型：保护层破损、桩身开裂。<br>记录内容：桩号位置、开裂部位、裂缝延展方向，裂缝长度、宽度、深度、钢筋锈蚀情况等。<br>病害成因：由于保护层厚度不够、钢筋锈蚀、外力撞击、风化作用等因素导致的桩身开裂。<br>防治措施：修复保护层、及时上报，桩身开裂需要专业技术人员专项研究 |
| <br>桩身倾斜 | 病害类型：桩身倾斜。<br>记录内容：桩号位置、倾斜方向、桩顶偏移距离，桩侧土体脱离情况、坡体变形迹象、相邻桩的状况等。<br>病害成因：由于桩身质量（混凝土、钢筋）、外力作用等因素导致的桩身倾斜。<br>防治措施：及时上报，需要专业技术人员专项研究 |

续上表

| 图　片 | 内　容 |
|---|---|
| 桩身断裂 | 病害类型：桩身断裂。<br>记录内容：桩号位置、倾斜方向、断裂部位、断裂部位特征、坡体变形迹象、相邻桩的状况等。<br>病害成因：由于桩身质量（混凝土、钢筋）、外力作用等因素导致的桩身断裂。<br>防治措施：及时上报，需要专业技术人员专项研究 |

4）拦挡坝

拦挡坝主要病害为保护层破损、坝身开裂、坝基倾斜（位移超限）、格栅裂缝断裂、淤埋、坝肩土体溜滑等，见表6-13。

拦挡坝养护　　　　　　　表6-13

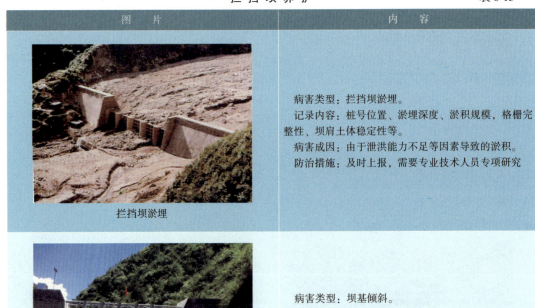

| 图　片 | 内　容 |
|---|---|
| 拦挡坝淤埋 | 病害类型：拦挡坝淤埋。<br>记录内容：桩号位置、淤埋深度、淤积规模，格栅完整性、坝肩土体稳定性等。<br>病害成因：由于泄洪能力不足等因素导致的淤积。<br>防治措施：及时上报，需要专业技术人员专项研究 |
| 坝基倾斜 | 病害类型：坝基倾斜。<br>记录内容：桩号位置、倾斜部位、沉降位移量，格栅完整性、坝肩土体稳定性等。<br>病害成因：由于坝基承载力不足等因素导致的淤积。<br>防治措施：及时上报，需要专业技术人员专项研究 |

## 6.4 专项整治

专项整治实施对象一般为挡土墙、锚杆（索）等支挡工程的变形损毁，以及大型的崩塌、泥石流、滑坡、水毁及路基塌陷等灾害。如若发现上述灾害和防护工程的损毁，需及时上报，由具有相应资质的专业单位和技术人员开展相关研究工作。

## 6.5 公路地质灾害防治规划及年度计划编制

根据交通运输部颁发的《公路养护工程管理办法》（交公路发〔2018〕33号），公路管理机构或公路运营企业应当按照路况检测评定、养护需求分析、养护方案确定的程序进行养护科学决策，为制订养护计划提供科学依据。

各级交通运输主管部门或公路管理机构（公路运营企业）应结合部、省《地质灾害防治"××五"规划》、国家或本地区公路养护规划和财政预算管理的相关要求，加强公路地质灾害隐患排查、评估分级，编制各地公路地质灾害防治五年规划，并建立公路地质灾害防治项目库。

公路地质灾害防治五年规划编写提纲如下：

前言

一、公路地质灾害现状与发展趋势预测

（一）主要公路地质灾害类型及经济损失情况

（二）公路地质灾害防治工作现状及存在的主要问题

（三）公路地质灾害发展趋势预测

二、公路地质灾害防治工作的指导思想、原则和目标

（一）指导思想

（二）规划原则

（三）规划目标

三、公路地质灾害防治的主要任务

四、公路地质灾害防治区划（类别）

（一）公路地质灾害易发程度分区（分类）

（二）公路地质灾害重点防治区（路线）

（三）公路地质灾害次重点防治区（路线）

（四）公路地质灾害一般防治区（路线）

五、公路地质灾害防治的主要措施

六、公路地质灾害防治项目及经费估算

七、附则

各省（自治区、直辖市）交通运输主管部门或公路管理机构按照建设规模、技术标准、项目主要内容、工程数量、资金需求等，构建三年公路地质灾害防治工程项目储备库。各市县从储备库中向省（自治区、直辖市）交通运输主管部门或公路管理机构申报项目入库计划，应按照"先重点、后一般，先干线、后支线"的原则，对项目遴选后构建三年工程滚动项目库、一年执行项目库。三年滚动项目库和一年执行项目库分别与财政中期支出规划和年度预算相衔接，当年地质灾害治理工程资金安排的项目原则上从一年执行项目库中筛选。

各级公路管理机构或公路运营企业应当按照检测评定、养护需求分析、养护方案确定的程序对纳入一年执行项目库的项目积极开展前期工作，根据项目库的储备更新、前期工作完成情况，合理编制地质灾害防治工程年度实施计划。

# 第 7 章

# 公路地质灾害应急抢险

## 7.1 应急抢险

### 7.1.1 应急抢险目的

为了保障公路运营安全，提高公路地质灾害的应急抢险能力，最大限度地减少灾害造成的损失，相关养护管理部门应完善公路地质灾害应急抢险机制，落实灾害应急抢险预案，组建灾害应急抢险救援队伍。一旦遇有灾害发生，抢险队伍应能在最短时间内到达现场，开展应急抢险作业，科学、有序、安全、快速地组织实施灾害应急抢险工程，尽快恢复交通，确保交通安全。

### 7.1.2 我国应急管理体系

我国应急管理的"一案三制"体系是具有中国特色的应急管理体系。"一案"为突发事件应急预案，"三制"为应急管理体制、机制和法制。我国公路交通突发事件应急工作围绕"一案三制"体系开展。

1）出台并修订了我国公路交通突发事件应急预案

交通部于 2004 年联合卫生部出台了《突发公共卫生事件交通应急规定》，这是真正意义上有关公路交通应急管理的第一个政府性规定。2005 年，交通部下发了《公路交通突发公共事件应急预案》，这是公路交通领域第一部纲领性的应急预案，为整个公路交通突发事件应急管理工作奠定了很好的基础。2009 年交通运输部总结 2008 年抗击低温雨雪冰冻灾害和汶川地震抗震救灾经验，重新修订了《公路交通突发事件应急预案》，包括总则、应急组织体系、运行机制、应急保障、监督管理和附则六个部分，提高了可操作性和执行力。各省（自治区、直辖市）也建立了相应的部门预案和专项预案，如河南先后制定印发了《河南省公路、水路突发事件应急预案》《全省高速公路冬季保通预案》《防汛工作预案》等。

2）确立了我国公路交通突发事件应急管理体制

我国公路交通突发事件应急工作在各级人民政府的统一领导下，由交通运输部门具体负责，分级响应、条块结合、属地管理、上下联动，充分发挥各级公路交通应急管理机构的作用。公路交通应急组织体系由国家级、省级、市级和县级交通运输主管部门四级应急管理机构组成。国家级应急管理机构包括应急领导小组、应急工作组、日常管理机构、专家咨询组和现场工作组。应急工作组分为综合协调、公路抢通、运输保障、通信保障、新闻宣传、后勤保障、恢复重建和总结评估八个工作小组，分别由交通运输部内相关司局牵头成立，按职责承担应急任务。同时，在交通运输部设立公路网管理与应急处置中心，作为日常管理机构，专职负责国家高速公路和重要干线公路网的运行监测及有关信息的收集和处理，向社会提供公路出行信息服务等。省级、市级、县级交通运输部门根据各地的实际情况成立应急管理机构，明确相关职责，如图7-1所示。

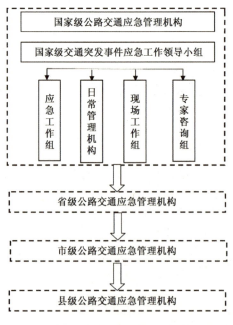

图7-1 我国公路交通突发事件应急管理机构

3）确定了我国公路交通突发事件应急管理机制

我国公路交通突发事件应急管理坚持统一指挥、反应灵敏、协调有序、运转高效的原则，建立健全了预测与预警机制、应急处置机制、恢复与重建机制和信息发布机制。预测与预警机制根据突发事件发生时对公路交通的影响和需要的运输能力分为四级预警，分别为Ⅰ级、Ⅱ级、Ⅲ级、Ⅳ级，分别用红色、橙色、黄色和蓝色来表示。应急处置机制实行分级响应，交通运输部负责Ⅰ级应急响应的启动和实施，省级交通运输部门负责Ⅱ级应急响应的启动和实施，市级交通运输部门负责Ⅲ级应急响应的启动和实施，县级交通运输部门负责Ⅳ级应急响应的启动和实施。后来又增加了指挥与协调、应急物资调用与跨省支援。恢复与重建机制包括了善后处置、调查与评估、补偿和恢复重建。

4）形成了我国公路交通突发事件应急管理法制体系

目前，我国公路突发事件应急管理法制体系包括国家法律法规、地方法规，以及交通运输部门规章、规范性文件两部分。国家法律法规有《中华人民共和国突发事件应对法》《中华人民共和国公路法》《中华人民共和国道路运输条例》《国家突发公共事件总体应急预案》等，地方法规包括省、市政府印发的相关规范性文件。交通运输部的规范性文件有《公路交通突发事件应急预案》《交通部关于全面加强交通应急管理工作的指导意见》等，其他部门规章、规范性文件包括省、市、县级交通运输部门印发的相关规范性文件。

## 7.1.3 应急抢险工作流程

为了对灾害险情实施科学管理与处置，必须建立和完善灾害应急抢险体系，达到"及时发现、准确报告、及时处置、科学疏导、快速救援、恢复交通、确保安全"的目标，灾害应急抢险体系应包括险情发现报告、应急抢险预案、应急抢险组织、应急抢险实施、工程效果评价以及公路交通恢复等主要工作内容和工作流程，如图 7-2 所示（以边坡抢险为例）。

地质灾害险情检查与报告主要来源于三个渠道：日常巡查发现险情直接报告；通过地质灾害安全监测预警系统告警；通过地质灾害安全风险评估确定。如遇一级告警或拒绝接受风险，则提出险情发现报告。一旦确认灾害险情，应根据险情性质、规模和等级立即启动相应的地质灾害应急抢险预案，落实地质灾害应急抢险组织与指挥体系。地质灾害应急抢险组织主要包括交通布控与安全监测、地质灾害专业技术支持与决策、地质工程专业抢险救援队伍组织三个方面。

（1）交通布控与安全监测是地质灾害抢险过程中的安全保障，主要提供监测预警成果，包括适用于应急抢险工程实施阶段的应急监测、适用于根治工程实施阶段的重点监测。

（2）专业技术支持与决策，专家快速评估险情，及时提出应急抢险方案。

（3）专业抢险救援队伍，包括机械设备与施工人员的组织与管理，负责应急抢险方案的组织与实施。

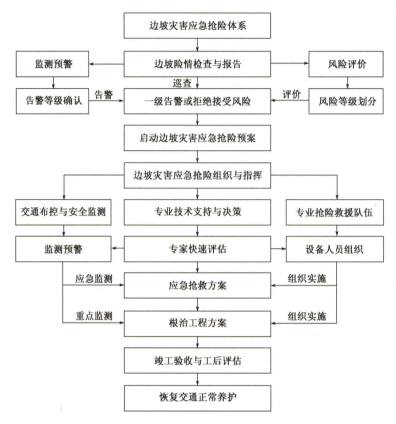

图 7-2 边坡灾害应急抢险实施流程图

## 7.1.4 应急抢险要点

（1）灾害应急抢险前需要布置好交通防控措施，避免抢险施工造成交通拥堵、影响行车安全等问题。同时需要注意抢险人员、设备的安全。

（2）抢险人员需要对病害类型与性质进行快速评估判识，避免由于判断失误影响抢险决策和抢险效果。

（3）抢险人员需尽快开展变形破坏的监测预警，指导抢险救援工作，避免二次灾害造成人员伤亡和财产损失。

（4）刷方减重与坡脚反压，对滑坡的应急抢险往往是最直接有效的措施，如果滑坡滑动变形较大，更应尽早实施。

（5）灾害常发生在雨季，因此截排水措施在抢险初期尤其重要。建立简易快速的截排水措施，将地表水引排至滑坡体外。此外，井点降水等措施也是简单易行且有效的措施。

（6）对于滑坡的变形监测需特别注意滑坡的滑动速度，建议建立地表监测、裂缝监测、深部位移监测等综合监测系统。如果出现滑坡变形加速或剧烈变化等情况，应立即启动应急预警预案，及时封闭交通，避免边坡大规模失稳造成更大的危害。

## 7.2 应急抢险工程对策

### 7.2.1 崩塌

1）清理土石方

边坡发生崩塌病害后，一般应对塌滑体进行清理，尽快恢复交通，但在清理前需对坡体稳定性进行快速评估和判识。如果边坡有继续崩塌或坍塌的危险，甚至可能产生较大规模滑动变形和破坏时，不宜盲目地在坡脚大规模清坡刷方。如果坍塌堆积的土石能够起到反压作用则应保留坡脚堆积体，否则应尽快清除坡脚及坡面松散的土石。

2）堆沙袋拦挡隔离

采用在路肩上堆砌沙袋的方式，进行拦挡隔离，避免坍塌土石侵入路面。如有落石危害，可在沙袋中间设置彩钢板等增加拦挡高度。

3）锚喷防护

锚杆挂网喷射混凝土具有施工快速便捷、施工后能快速发挥加固作用的特点。对于清理后的坡面，采用锚喷施工工艺能快速保护裸露的岩土体表面，短时间内控制病害的进一步发展。避免雨水冲刷、下渗引起的破坏，结合系统锚杆或预应力锚杆能够对潜在的不利结构面或失稳块体起到有效的加固作用。

4）柔性防护网

柔性防护网工程主要以拦石网为主，以覆盖（主动拦石网）和拦截（被动拦石网）两种基本形式防治各类坡面地质灾害和爆破飞石、坠物等危害，是一种柔性防护措施。同时由于其施工工艺成熟、施工工期较短、能够快速发挥作用，尤其适合崩塌的岩石边坡。

（1）主动网：主动拦石网采用锚固和支撑绳固定方式将钢丝绳网覆盖在具有潜在地质灾害的坡面上，从而实现坡面加固或限制落石运动范围。

（2）被动网：被动拦石网采用锚固、钢柱、支撑绳、拉锚绳和减压器等固定方式将钢丝绳网在直面上形成栅栏以拦截落石，其中减压器穿挂于支撑绳和上拉锚绳上，能通过位移等方式吸收能量，对系统起到过载保护的作用。

5）小导管注浆

采用外径50mm的钢管，按一定间距在管壁上钻孔，将钢管打入或钻孔后再置入钢管。采用低压间隔注浆的工艺对小导管周围松散岩土体或裂隙进行注浆加固。

### 7.2.2 滑坡

1）刷方减载

在滑坡体的上部进行刷方减载是直接有效地减小滑坡推力的措施之一，上部刷方减载的土石方，还可以作为堆载反压的材料。刷方减载对于具备刷方条件的滑坡应用广泛、切实有效。

2）堆载反压

在滑坡剪出口位置堆载反压，能增大滑坡的抗滑力。对于前缘有隆起、剪出危险的滑坡，堆载反压更加有效。

3）封闭裂缝

滑坡变形过程中产生的裂缝需尽快封闭，避免大量雨水渗入滑坡体及滑动带。

4）地表地下排水

通过修筑截排水沟、仰斜排水孔或井点降水等措施，拦截地表水，排除地下水，降低地下水位，能有效提高滑动带的抗滑性能。

5）微型桩

微型桩一般是指桩径不大于300mm、长细比大于30、桩长不大于30m的钻孔灌注桩。桩体主要由压力灌注水泥（砂）浆或细石混凝土与加筋材料组成，根据其受力需求加筋材料可为钢筋、钢棒、钢管或型钢等。微型桩布置灵活，可根据工程需要做成垂直或倾斜，可以单根布置，也可以成群布置。微型桩具有施工较快、注浆水泥终凝后快速发挥作用的特点，近年来在滑坡抢险中得到了大量的应用。

### 7.2.3 泥石流

在泥石流的应急抢险中，可以采用泥石流网对泥石流进行有效拦截，泥石流网采用柔性金属网、消能装置及相关构件构成拦泥石流屏障，布置于冲沟等会发生泥石流的潜在区域，用于拦截泥石流中的石块、木块等会对公路及车辆造成影响的固体物质。通过不同网型及消能装置等构件的组合，以适用于不同体量的泥石流防护（图7-3）。

### 7.2.4 水毁

水毁应急处置常用的方法有抛石、抛石笼，是汛期洪水冲刷已威胁到墩台基础安全时的抢险方法，其防护效果取决于抛投体的重量和抛投位置的正确性。抛投体的大小一般应根据水流参数、墩形和抛投成垛的斜坡稳定性来决定。

当山区沿河公路路基边坡或河岸受到水流冲刷或波浪冲击，且防护工程的基础不易处理时，可以采用石笼防护。一般采用钢丝（可用3~5年）、镀锌钢丝（可用8~12年）编织，并用钢筋做骨架。常用于速度5~6m/s、波浪高度1.5~1.8m的水流。

图7-3 泥石流网防护效果图

在流速很大，又有大块石、卵石滚动撞击的情况下，钢丝石笼易被磨损、撞击而破坏，故不宜采用。

钢丝石笼属于柔性防护，随着河床冲刷变形，石笼会随之下沉而不会断裂破坏。下沉到一定程度后，只需在石笼上继续放置新的石笼即可。

丁坝、护坦、导流堤均可以采用钢丝石笼，但人们常将其视为临时防护措施。可在钢丝石笼下沉稳定以后，在其上加做一层混凝土罩面，转变成永久性防护工程。

路基坍塌应根据坍塌程度及规模、现场条件采取以下处置措施。

1）填筑法

（1）全部填土

适用于坍塌体工程量不大、取土方便，现场人力、机械充足的情况。按原状修复，填土分层摊铺整平压实，紧急情况下可缩小路基宽度、加陡边坡。技术要求如下：

①宽度

双车道路基宽度不小于7m，路面宽度6m；单车道路基宽度不小于4.5m，路面宽度3.6m。

②边坡坡度

边坡坡度一般采用1:1.5，受水浸淹部分的边坡采用1:1.75~1:2。路堑边坡根据地层性质而定，一般采用1:0.5~1:1.5。

③纵坡

纵坡一般不大于10%。填土高度较大时，可采取土工格室加固。如车流量大，可进行土路改善或铺设简易路面。

(2) 拦边填土

适用于坍塌体工程量大或取土困难的情况。使用各种就便材料或备置材料拦边构筑路基边坡，同时在其内填土，缩减路基宽度、加大边坡坡率，以减少回填土石方数量，争取抢通时间。各种拦边方式的应急边坡坡度见表7-1，路基宽度参照全部填土方案。

路堤边坡应急坡度参考值　　　　　　　　　表7-1

| 拦边方式 | 一般细粒土<br>（粉土类、黏土类） | 粗粒土<br>（砾石类、砂类） | 最大高度（m） |
| --- | --- | --- | --- |
| 草袋及片石拦边 | 1:0.2~1:0.75 | 1:0.3~1:1.0 | 5 |
|  | 1:0.75~1:1.0 | 1:1.0~1:1.25 | 10 |
| 石笼拦边 | 1:0.3~1:0.5 | 1:0.4~1:1.0 | 5 |

拦边填土可分为以下几类：

①袋装土（石）拦边

采用草袋、塑料编织袋或麻袋装土（砂、碎石）至其容量60%左右，分层交错码砌，并逐渐收坡，底宽顶窄。路基面以下3m用单层，超过3m部分用双层。拦边厚度应随填土增高而加厚，如图7-4所示。

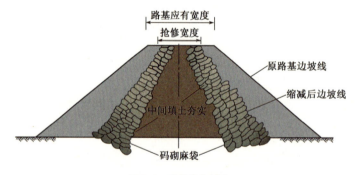

图7-4　草袋装土拦边

坍塌面积较小时，可直接用草袋装土（砂）填筑，分层交错堆积，使其成1:3的侧坡，并用直径5cm、长1m以上的木桩将草袋贯穿固定，坡脚处紧贴草袋打入固定桩，入土深度1m以上。顶端填土15~20cm并夯实，如图7-5所示。

②片石拦边

采用厚度不小于0.15m的片石分层干砌，片石应与地面大致平行，压缝码砌，有丁有顺，边砌边填土夯实。路基面以下2m片石厚0.5m，超过2m部分片石厚1.0m，如图7-6所示。

③石笼拦边

采用镀锌钢丝编织或用圆木拼制，也可用钢筋、角钢焊制成高、宽各1.0m、长1.5~2m的方笼，或利用就便材料采用钢丝笼、竹笼、荆条笼、木笼等。笼内装石，分层叠放。

路基面以下3m石笼厚1.0m,超过3m部分石笼厚1.5m。抢修时,先确定石笼位置,然后平整基础,摆好石笼向内填石料,同时在路堤中间填土夯实。为了节省时间,应尽量采用备置的石笼,目前定型生产的石笼有多种规格且可折叠,运输方便。

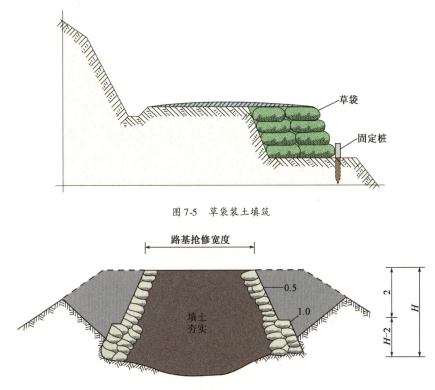

图 7-5 草袋装土填筑

图 7-6 片石拦边(尺寸单位:m)

④简易桩板墙拦边

先在路基坡脚打入被覆桩,桩距为 1~2m,桩头向内倾斜。然后在路基内打控制桩,用铁丝将被覆桩与控制桩连紧,并在被覆桩内侧密集设置小圆木或木板,同时填土夯实,如图 7-7 所示。

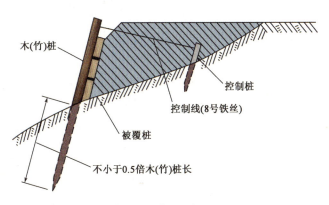

图 7-7 简易桩板墙拦边

上述方法中前三种施工较简单，修复方便，能减少填土数量、缩短抢修时间，抢修时可根据当地材料情况选用或混合选用。适用于取土困难，抢修时间紧迫，备有片石、草袋、编织袋、土工编织布、角钢、木笼等材料或半成品等情况。但拦边高度一般在5m以内，各种拦边施工时应注意基底整平夯实。

2）凹形竖曲线法

如坍塌部分段落较长且取土修复困难，可采用凹形竖曲线法：采用推土机将完好路基段土石方逐渐降低高程推运至坍塌部分，形成凹形竖曲线，对新的路基顶面进行整平压实。当因车辆爬坡能力差、车辆载重量大、地面湿滑等原因，车辆不易通过缓坡时，可采取撒铺碎石、加铺捆扎圆木等措施，提高地面承载力和抗滑能力，改善通行条件。

3）改移线位法

适用于时间紧，滑坡崩坍地段和傍山地段内侧堑坡及其防护加固工程严重破坏，滑移侵入限界，有相应的拨道位置等情况，即向路基内侧（或靠山侧）改移路线，达到单车通行宽度，可采取的拓宽路基方法如下（图7-8）。

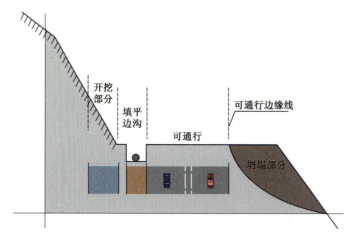

图7-8 改移线位示意图

（1）填平靠山侧边沟作为部分路基宽度，为不影响边沟正常排水功能，填筑前可在边沟底铺设排水管道。

（2）清理靠山侧坍塌土石。如仍不能满足单车通行宽度，则对内侧边坡进行开挖。土质边坡使用机械开挖，石质边坡采用爆破法快速开挖。时间较为充足时可采用无声破碎剂SCA（又称为膨胀剂、静态爆破剂、破石剂），这种方法具有安全、环保的优点，且破碎效果稳定，一般可使被破碎物在0.5~24h以内发生破碎（反应时间可控）。

4）半边桥法

适用于路基填方一侧坍塌，且坍塌面积大（路面宽度一半以上坍塌），不能满足单车通行的情况,常见于半填半挖路基,此时因坍塌部分位于陡峭横坡上不易填筑,可采用半边桥法。方法是沿坍塌段落长度方向密排工字钢,其上再铺设钢板构成临时路面。

5) 轻型钢桥法

适用于坍塌段较短（30m 以内）的情况,可架设 321 轻型钢桥一跨通过。

## 7.2.5 路基沉陷与塌陷

路基沉陷根据其对路基及边坡稳定性影响的严重程度,可采取以下几种处理方案。

1) 机械回填

适用于沉陷对路基整体稳定性影响相对较轻的路段。如图 7-9 所示。

采用路基土石方机械对沉陷路段进行回填、整平、压实。

安装限速警示标识牌,采取交通管制措施。

2) 注浆加固

适用于裂缝已贯通形成圈椅状,错台高度大、边坡稳定性不足的路段,如图 7-10 所示。

图 7-9　路基沉陷路段　　　　图 7-10　路基圈椅状开裂路段

采用路基土石方机械挖除路基错台,并进行整平、压实。同时,在路基严重开裂范围进行注浆加固处理。安装限速警示标识牌,采取交通管制措施。

3) 路基拓宽

适用于半填半挖路基纵向沉陷开裂,沉陷部分稳定性不足的路段。

采用路基土石方机械挖除部分上边坡,对路基进行拓宽。

安装限速警示标识牌,采取交通管制措施。

路基回填注意事项:当回填后路基承载力不能满足要求时,可使用两层木板（或钢板）夹树干（或粗壮树枝）形成简易路面进行减压处理,针对在车辆行驶过程中出现的路基较大沉降情况,可采用加铺树干等处理措施。

## 7.3 道路掩埋阻塞应急抢通

道路掩埋阻塞是指由于地震、泥石流、滑坡、崩塌等灾害引起的，大量松散土石或泥堆积、汇聚于道路上造成交通中断的状况，如图7-11所示。

图7-11 道路掩埋阻塞

道路掩埋后可采用以下几种抢通措施。

1）全部清除

当阻塞物工程量不大且清挖后不会导致滑坍物进一步下滑时，可采用土石方工程机械将其全部清除。清挖常用机械为挖掘机、装载机、推土机、铲运机、挖掘装载机，清挖的阻塞物应就近弃堆，当掩埋阻塞路基下方有民居、河道或农田等不适宜就近弃土的状况，可采用挖掘机、装载机配合自卸车进行远运弃土。如果滑坍体清挖后会引起上边坡进一步垮塌，应对上边坡采取防护措施，然后进行清挖整平，达到通车目的。

当半填半挖路基上边坡为稳固的岩质边坡，且下边坡允许爆破飞石时，可采取抛掷爆破将阻塞物抛掷到路基下边坡一侧，配合机械清理，达到通车目的。

2）从阻塞物上通过

当阻塞物方量巨大且滑坍体清挖后会引起上边坡进一步垮塌时，应对上边坡进行加固处理，然后采取机械清挖整平、路基处治等措施，使机械、车辆从阻塞物上通过，具体方法如下。

（1）部分挖填

按照阻塞物的材质，分为以下几种情况。

①土方或不含大直径石块的石方掩埋阻塞

当阻塞物坡度小于60°、长度几百米至几公里时，采用"先打通重机路，后多点分段作业"的方法,用挖掘机挖出一条重机可通过的便道。1台挖掘机和1台装载机或2台装载机为1组,多个工作面同时作业,这样可极大地发挥每台设备的功力,缩短处理时间。

当阻塞物坡度大于60°时,采用同样的方法,不过机械均应采用挖掘机。由于坡度较陡,堆积的厚度也较大,采用挖掘机爬到离原路面5m位置开挖,挖掘机工作臂尽量伸长,从远端向近端挖,每台挖掘机间隔距离不小于10m,当挖掘机清出重机路后,装载机可进行协助作业,向前推进。

重机路便道纵向坡度可达30°~40°,而后可进一步削顶形成缓坡供其他轮式车辆通行,纵向坡度可达15°~20°,具体方法如图7-12所示。待大规模抢险救灾物资设施通过或超过生命抢救的黄金时间后,再考虑用普通挖运设备清理阻塞物,恢复道路原有设计断面。

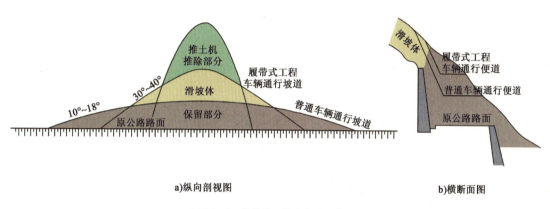

图7-12 滑坡体及简易便道示意图

②巨石阻塞

阻塞物方量巨大且含有大块岩石较多时,宜采用机械清理,同时沿崩塌体边缘进行回填,形成半挖半填便道。对需要移走的大石块,采用两台以上挖掘机协力作业进行移除,不能移除的巨石应进行破碎处理。

不具备破碎条件时,应对崩落巨石进行掩埋,在巨石前后填筑斜坡道路供抢险设备临时通行,如图7-13所示。

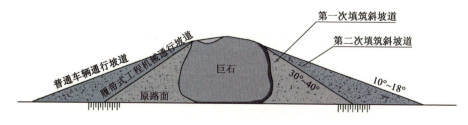

图7-13 巨石前后填筑斜坡道示意图

(2) 机械整平

当阻塞物方量巨大且较平缓时，应采用机械整平，整平机械应采用推土机、装载机、挖掘机、平地机，整平后采用现场机械对其进行碾压。

(3) 路基表面处治

当路基进行挖填及整平后，如无法满足车辆通行要求，还应进行路基表面处置，以满足车辆通行要求，处置措施如下：

①土方路基可采用泥结碎石、石灰稳定土、水泥稳定土等措施。

②石方路基可采用泥结碎石路面、混凝土表面处置、灌浆处理等措施。

③大型泥石流除采取以上措施外，还可采用抛石、换填石渣、泥石流体表面快速固化等措施。大型泥石流抢通时应保证泥石流体区域内排水通畅，可挖设排水沟，埋设圆管、波纹管回填以利排水。

④如整平后路基石块较大且嵌缝料较少时，应采用碎石或土方进行填隙，并进行整平、碾压。

⑤就近取材，采用秸秆、树枝、煤渣、建筑垃圾等铺设在沉陷或泥泞路段，保证车辆顺利通行。

⑥采用木板、铁皮、钢板、路基箱、机械化路面等铺筑临时路面，达到车辆通行的目的。

3) 改线

当路基大面积滑坡、泥石流、崩塌，难以在短时间内抢通时，可改线绕行。

## 7.4 路基加固与防护

应急抢通中路基抢修加固与防护措施分为挡土墙加固、路基加固、新建挡土墙、边坡防护、涉水路基防护等。

### 7.4.1 挡土墙加固

挡土墙的主要破坏形式有开裂、外倾、侧移、墙面鼓胀、缺口、基础脱空、垮塌等。挡土墙遭到严重破坏后，往往造成路堤坍塌或路堑堵塞。针对其破坏形式，挡土墙的抢修主要分为三个方面：对墙体进行加固处理，防止挡土墙变形继续发展导致垮塌；对挡土墙缺口进行修补，避免土体通过缺口流动；对基础严重脱空的路段采用片块石嵌补、混凝土支撑墩的处理措施。挡土墙加固的具体措施见表7-2。

挡土墙加固措施　　　　　表 7-2

| 序号 | 措施 | 图示 | 适用条件及要求 |
|---|---|---|---|
| 1 | 钢或木笼挡土墙 | 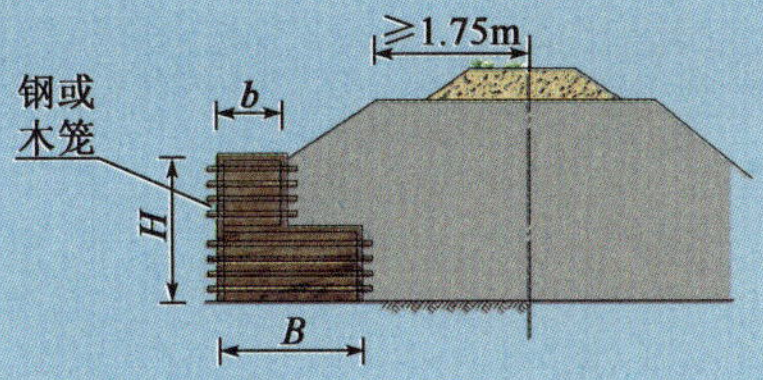 (图示：≥1.75m，钢或木笼，H，B，b) | ①$H \leqslant 2m$ 时，用单级，$b \geqslant 1.0m$；<br>②$2m < H \leqslant 4m$ 时，应分为两级，下级宽度 $B$ 不小于 $2b$，可将木笼横放或双排并放 |
| 2 | 石笼挡土墙 | 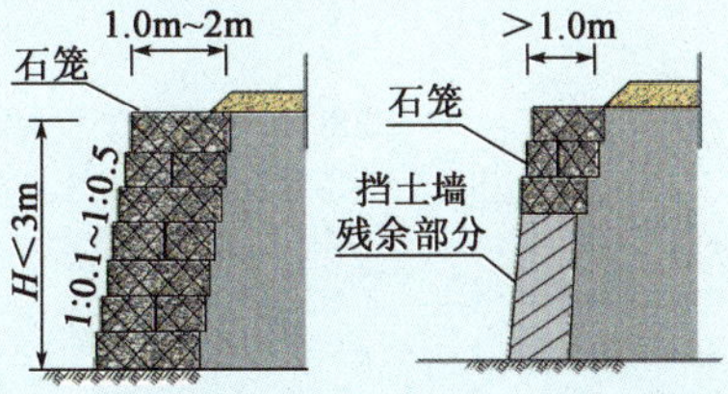 (图示：1.0m~2m，>1.0m，石笼，$H<3m$，1:0.1~1:0.5，挡土墙残余部分) | ①既有挡土墙全部或局部破坏；<br>②石笼长度应不小于墙顶宽，最上一层长边应垂直于路线；<br>③既有挡土墙残余部分必须完整无裂缝方可用石笼接高 |
| 3 | 袋装砂石挡土墙 | 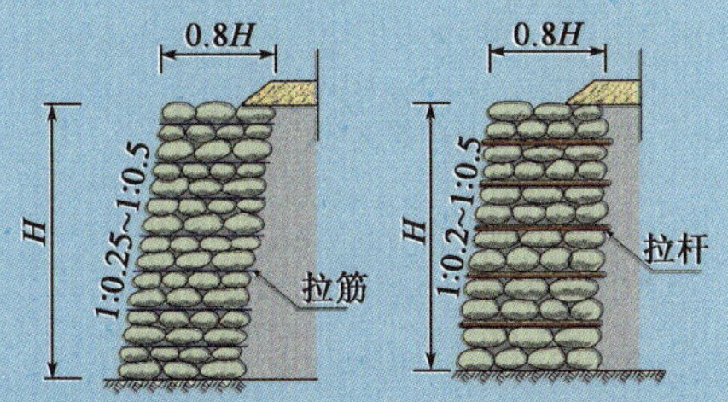 (图示：0.8H，0.8H，H，1:0.25~1:0.5，1:0.2~1:0.5，拉筋，拉杆) | ①适用于挡墙较高，面坡较陡情况；<br>②拉筋可采用土工网格、土工编织布等，每 1~2 层袋装砂石压铺一层；<br>③拉杆布置，竖向每两层一根，横向 0.6~0.7m 一根，互相交错布置；<br>④拉杆可采用枕木、圆木等，头部探出 10~20cm |
| 4 | 扶壁 | 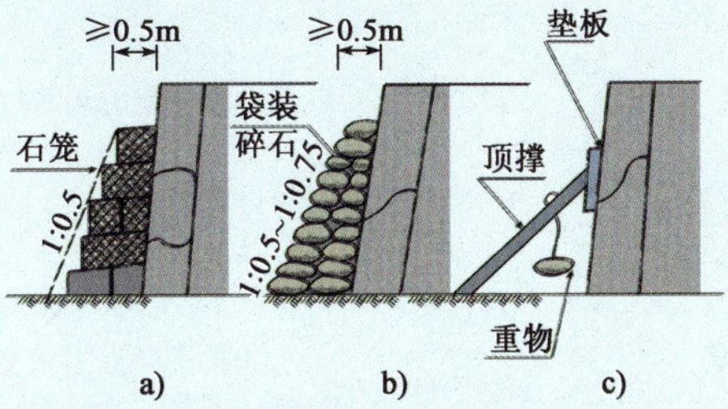 (图示：≥0.5m，≥0.5m，石笼，袋装碎石，1:0.5，1:0.5~1:0.75，垫板，顶撑，重物；a) b) c)) | ①适用于挡墙裂缝、外倾、尚有一定支承力的情况；<br>②石笼及袋装碎石（土）应丁顺间铺，袋间孔隙用碎石填平；<br>③扶壁厚不小于 0.5m，间距 3~5m，视裂缝情况而定；<br>④图 c) 中重物可用袋装碎石（土） |
| 5 | 桩锚挡土墙 | 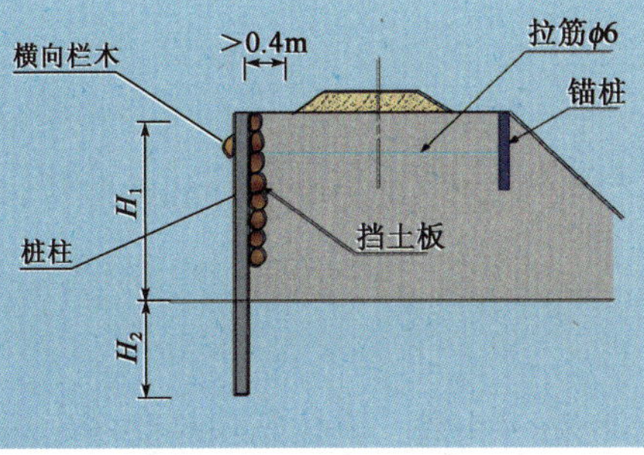 (图示：横向栏木，>0.4m，拉筋$\phi6$，锚桩，桩柱，挡土板，$H_1$，$H_2$) | ①桩柱间距 0.5~1.0m，视挡土板及桩柱的强度而定；<br>②挡土板可用木板、细圆木、枝条束、枕木等；<br>③锚桩可用打入桩；<br>④桩柱入土深度 $H_2$ 视 $H_1$ 及土质而定 |

续上表

| 序号 | 措施 | 图示 | 适用条件及要求 |
|---|---|---|---|
| 6 | 插板挡土墙 | 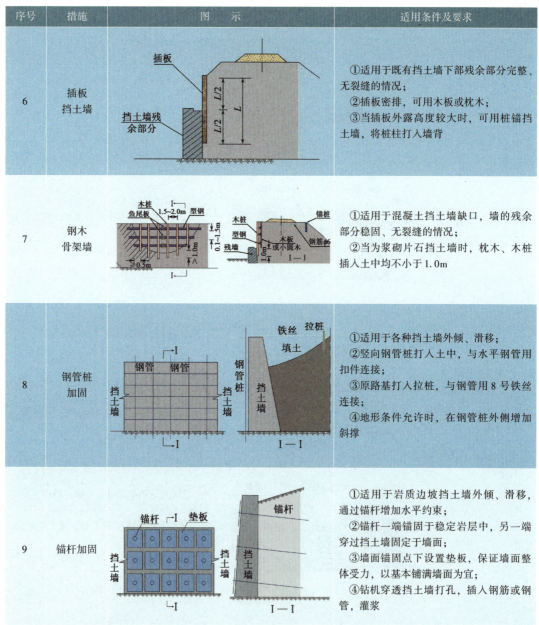 | ①适用于既有挡土墙下部残余部分完整、无裂缝的情况；②插板密排，可用木板或枕木；③当插板外露高度较大时，可用桩锚挡土墙，将桩柱打入墙背 |
| 7 | 钢木骨架墙 | | ①适用于混凝土挡土墙缺口，墙的残余部分稳固、无裂缝的情况；②当为浆砌片石挡土墙时，枕木、木桩插入土中均不小于1.0m |
| 8 | 钢管桩加固 | | ①适用于各种挡土墙外倾、滑移；②竖向钢管桩打入土中，与水平钢管用扣件连接；③原路基打入拉桩，与钢管用8号铁丝连接；④地形条件允许时，在钢管桩外侧增加斜撑 |
| 9 | 锚杆加固 | | ①适用于岩质边坡挡土墙外倾、滑移，通过锚杆增加水平约束；②锚杆一端锚固于稳定岩层中，另一端穿过挡土墙固定于墙面；③墙面锚固点下设置垫板，保证墙面整体受力，以基本铺满墙面为宜；④钻机穿透挡土墙打孔，插入钢筋或钢管，灌浆 |

### 7.4.2 新建挡土墙

如路基原有挡土墙垮塌不易修复，或填筑受地形限制（如陡斜坡）不能放坡，或为节省填土时间，可以考虑新建挡土墙。

1）简易桩板墙

简易桩板墙由打入桩、挡土板、拉桩等构成，具体结构见路基坍塌处置。它既可作为拦边填土的措施,也是一种简易挡土墙形式。

2) 重力式挡土墙

重力式挡土墙的构造与施工可参照常规施工,区别在于抢修时为节省时间,使用快速拼装模板和速强混凝土。

### 7.4.3 路基加固

在路基抢通中可采取土工格室、注浆法等加固措施,以下分别对两种方法进行介绍。

1) 土工格室加固路基

需填筑坍塌路基时,特别是高填、陡斜坡路基,为增加路基稳定性,减轻路基变形和沉降,在填土时可采取土工格室加固。

土工格室(图7-14)是由高强度的 HDPE 或 PP 共聚料宽带,经过强力焊接或铆接而形成的一片网状格室结构。伸缩自如,运输时可缩叠起来,使用时张开并充填土石,构成具有强大侧向限制和大刚度的结构体,能够防变形,有效增强路基的承载能力,分散荷载。

a) 土工格室大样

b) 土工格室加固路基

图7-14 土工格室

土工格室加固路基的方法是在每级填土中增加若干层土工格室,土工格室层间距约1.0m,随填土高度增加,层间距可适当减小。土工格室参数参考值为:焊距80cm,格室高度20cm,格室壁厚1.2mm,焊缝处抗拉强度10.6kN/m,低温脆化温度-60℃,维卡软化温度125℃。

2) 注浆法加固路基

注浆法按作用原理可分为静压注浆法、喷射注浆法。静压注浆是利用液压、气压或电化学原理,通过注浆管将浆液均匀地注入地层中,浆液以充填、渗透和挤密等方式占据土粒间或岩石裂缝中的空间,经人工控制一定时间后,浆液将原来松散的土粒或裂隙胶结成一个整体,形成一个结构新、强度大、防水性能高和化学稳定性良好的结合体。喷射注浆是把带有喷嘴的注浆管插至土层的预定位置后，以高压设备使浆液成为 20MPa 以上的高压射流，从喷嘴中喷射出来冲击破坏土体，并与土体混合构成新的固结体。注浆的目的是防渗、堵漏、加固和纠正偏斜。

常用的静压注浆法又可分渗透注浆、劈裂注浆和压密注浆三类，注浆原理如图 7-15 所示。

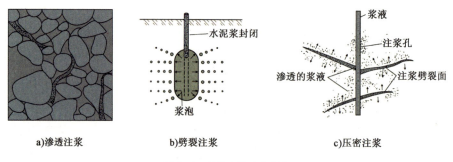

a)渗透注浆　　b)劈裂注浆　　c)压密注浆

图 7-15　注浆法原理示意图

（1）渗透注浆

在注浆压力作用下，浆液克服阻力渗入孔隙和裂隙，压力越大，吸浆量及浆液扩散距离就越大。在注浆过程中地层结构不受扰动和破坏，所用的注浆压力相对较小，浆材颗粒尺寸至少小于孔隙尺寸。渗透注浆一般用于中砂以上的砂性土、卵（砾）石和有裂隙的岩石，注浆压力可由小到大，控制在 0.5~1.5MPa。对于黏性土路基，由于渗透性小，渗透注浆难以奏效。

（2）劈裂注浆

在注浆压力作用下，浆液克服地层初始应力和抗拉强度引起土体结构的破坏和扰动，浆液似利斧劈入土层，劈裂路线呈纵横交叉的脉状网络，浆液在劈入过程中不与土体混合，而是相互独立的存在，同时产生充填、挤压、扩散等加固效应。适用于黏性土类路基，一般压力范围为 1.0~4.0MPa。

（3）压密注浆

用一定压力注入浓浆，随着土体压密和浆液挤入形成浆泡，并不断膨胀挤压使一定范围土体被挤密，浆泡本身凝结后也最终形成硬质块体存在于土体中，凝固形状多为柱体或球体。

### 7.4.4　边坡防护

边坡防护是为防止路堑边坡、靠近路基山坡发生危险所采取的措施，主要有 SNS 柔性防护网（主动和被动）、简易边坡防护、喷射混凝土。

1）SNS 柔性防护网

以覆盖（主动防护）和拦截（被动防护）两大基本类型来防治各类斜坡坡面地质灾

害、岸坡冲刷、爆破飞石、坠物等。

主动防护网是将以钢丝绳网为主的各类柔性网覆盖或包裹在需防护的斜坡或岩石上，以限制坡面岩土体的风化剥落或破坏以及危岩崩塌（加固作用），或者将落石控制于一定范围内（围护作用）。

被动防护网由钢丝绳网或环形网、固定系统（锚杆、拦锚绳、基座和支撑绳）、减压环和钢柱四个主要部分构成，一般设立于道路旁或坡脚位置。

2）简易边坡防护

使用各种就便材料构造简易边坡防护，缺点是防护能力较低，适合小块落石防护。

（1）主动防护

使用各种化纤或金属编织网作为防护网，直接用锚杆固定于边坡上作为主动防护。锚杆采用楔缝式锚杆或倒楔式锚杆，这种锚杆依靠锚杆和孔壁的摩擦力起到锚固作用，类似于膨胀螺栓，安装迅速不需灌浆，可即时达到承载要求，可二次张紧，倒楔式锚杆还可以回收。其缺点是锚固力一般偏低，适用于中等稳定以上的岩层条件。网目要求小于落石粒径，锚固点分布尽量均匀。为增强防护能力，可以铺多层防护网、加密锚固点。

（2）被动防护

被动防护由立柱和防护面构成。立柱使用型钢、钢管等，如地面坚硬不易打入，配合钻孔机钻孔，立柱间距 2~3m。防护面使用各种金属编制网面和薄钢板、彩钢板、木板等板件。网目较大时，加设一层密目化纤安全网。立柱与网（板）采用螺栓、挂钩、铁丝绑扎等方式连接。为增强防护能力，可以在立柱间增加斜撑、横梁，在立柱外侧增加斜撑，加密立柱间距。施工中常用彩钢板围墙和厂家生产的道路隔离护栏（一般都是网面与立柱配套，带有连接结构）作为临时被动防护，如图 7-16 所示。

a) 彩钢板被动防护　　　　　　　　　　b) 隔离栅被动防护

图 7-16　简易被动防护

3）喷射混凝土

采用专用机械，将配制好的混凝土喷射于坡面之上，施工方法参照常规施工进行。施工作业前进行试喷，选择合适的压力自下而上进行喷射。喷射混凝土防护的厚度不小于8cm，分2~3层喷射完成。

### 7.4.5 涉水路基防护

1）抛石、石笼防护

涉水路段抢通时，抛石、石笼防护可设置于进水侧桥台锥坡位置，防止泥石流、水流等冲刷破坏路基。

（1）抛石防护

抛石防护坡度和宽度如图7-17所示，抛石粒径根据水深、流速和波浪情况确定，一般应大于30cm，并宜用大小不同的石块掺杂抛投。抛石厚度宜为粒径的3~4倍，当采用大粒径时也不得小于2倍。优先选用质地坚硬、不易风化崩解的石块，缺乏大石块时，也可把混凝土预制块作为抛投材料。采用卡车和推土机由陆上直接抛填。

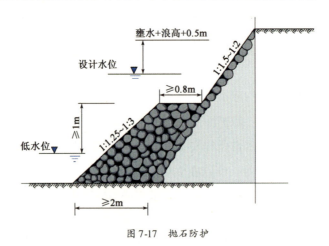

图7-17　抛石防护

（2）石笼防护

水流较急、水深较大时可使用格宾（又称石笼网袋或合金网兜，由机编双绞合六边形金属网面构成的圆柱形工程构件）。可按设计意图，由工厂制作出半成品，施工现场进行组装定型，操作简便，受气候干扰小，且适宜于机械化操作，既可保证施工质量又可加快工程进度。格宾的尺寸厂家可规格化生产，也可定制。

2）简易导流坝

涉水路段抢通时，若采用桥梁或管涵跨越，可在泥石流或水流上游适当位置设置若干简易导流坝，控制流动方向，迫使其从桥孔下通过。简易导流坝可采用木排桩或钢筋石笼导流坝等形式。简易导流坝设置如图7-18所示。同时，在进水侧桥台锥坡位置采取冲刷防护（草袋、石笼等）。若制式桥梁数量不足则必须采用多孔桥梁进行跨越，应采取防撞措施对临时墩或基础进行保护（石笼、捆绑圆木等）。

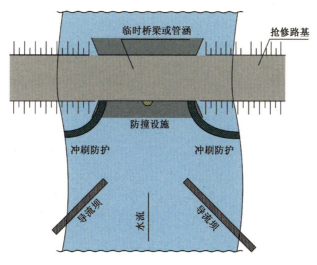

图7-18 简易导流坝设置示意图

(1) 木排桩导流坝

木桩桩径约20cm,桩头用8号铁丝缠绕防止锤击开裂,桩端削尖,用重锤将桩逐根打入土中至不再下沉为止,打入桩后应牢固不易晃动,桩顶在最高水位面以上约20cm。在桩内侧(迎水面)码砌草袋装土挡水,桩间距应保证在每个土袋后有2根桩,上下层草袋错缝码砌。木桩可用钢管代替。

(2) 钢筋石笼导流坝

钢筋笼约5~10m长,具体可视起吊能力而定,宽1m,高度超过最高水位约20cm。用吊车将石笼吊入预定位置,沿坝长排满钢筋笼,然后用石料填满石笼。

# 附录 A　公路地质灾害防治法规及管理制度

## A.1　国家法律

中华人民共和国矿产资源法

中华人民共和国建筑法

中华人民共和国环境保护法

中华人民共和国水法

中华人民共和国环境影响评价法

中华人民共和国防震减灾法

中华人民共和国安全生产法

中华人民共和国突发事件应对法

中华人民共和国公路法

## A.2　国务院行政法规

地质灾害防治条例

公路安全保护条例

建设工程质量管理条例

建设工程勘察设计管理条例

安全生产许可证条例

建筑工程安全生产管理条例

中华人民共和国防汛条例

规划环境影响评价条例

自然灾害救助条例

国务院关于加强地质工作的决定

国务院关于加强地质灾害防治工作的决定

国家自然灾害救助应急预案

国家突发公共事件总体应急预案

国家地质灾害应急预案

国务院关于鼓励和引导民间投资健康发展的若干意见

## A.3 各部门（委员会）政府法规或规章

1）自然资源部

地质灾害防治管理办法

地质灾害危险性评估单位资质管理办法

地质灾害治理工程勘查设计施工单位资质管理办法

地质灾害治理工程监理单位资质管理办法

矿山地质环境保护规定

全国地质灾害防治"十三五"规划（2016—2020）

关于逐步建立矿山环境治理和生态恢复责任机制的指导意见

地质环境监测管理办法

特大型地质灾害防治专项资金管理暂行办法

关于加强特大型地质灾害防治项目管理的通知

地质灾害灾情和险情快速处置程序

关于加强旅游区（点）地质灾害防治工作的通知

地质灾害应急平台-基础支撑体系建设技术要求（试行）

突发地质灾害应急响应工作方案

关于加强铁路沿线地质灾害防范工作的通知

关于推进山水林田湖生态保护修复工作的通知

关于实行建设用地地质灾害危险性评估的通知

关于加强地质灾害危险性评估工作的通知

关于加强公路沿线地质灾害防治工作的通知

2）住房和城乡建设部

建设工程质量检测管理办法

建设工程企业资质管理规定

建设工程监理规范

3）水利部

国家防汛抗旱应急预案

4）交通运输部

水运工程建筑市场管理办法

水运施工招投标管理办法

公路交通突发事件应急预案

关于加强公路沿线地质灾害防治工作的紧急通知

关于认真贯彻落实党中央国务院领导同志重要批示精神进一步加强交通运输行业防汛防范地质灾害工作的通知

5）中国地震局

破坏性地震应急预案

国家地震应急预案

6）国家文物局

文物保护工程勘察设计资质管理办法

文物保护工程资质管理办法

# 附录 B 《地质灾害防治条例》和《公路交通突发事件应急预案》

## B.1 地质灾害防治条例

### 第一章 总 则

**第一条** 为了防治地质灾害，避免和减轻地质灾害造成的损失，维护人民生命和财产安全，促进经济和社会的可持续发展，制定本条例。

**第二条** 本条例所称地质灾害，包括自然因素或者人为活动引发的危害人民生命和财产安全的山体崩塌、滑坡、泥石流、地面塌陷、地裂缝、地面沉降等与地质作用有关的灾害。

**第三条** 地质灾害防治工作，应当坚持预防为主、避让与治理相结合和全面规划、突出重点的原则。

**第四条** 地质灾害按照人员伤亡、经济损失的大小，分为四个等级：

（一）特大型：因灾死亡 30 人以上或者直接经济损失 1000 万元以上的；

（二）大型：因灾死亡 10 人以上 30 人以下或者直接经济损失 500 万元以上 1000 万元以下的；

（三）中型：因灾死亡 3 人以上 10 人以下或者直接经济损失 100 万元以上 500 万元以下的；

（四）小型：因灾死亡 3 人以下或者直接经济损失 100 万元以下的。

**第五条** 地质灾害防治工作，应当纳入国民经济和社会发展计划。

因自然因素造成的地质灾害的防治经费，在划分中央和地方事权和财权的基础上，分别列入中央和地方有关人民政府的财政预算。具体办法由国务院财政部门会同国务院国土资源主管部门制定。

因工程建设等人为活动引发的地质灾害的治理费用，按照谁引发、谁治理的原则由责任单位承担。

**第六条** 县级以上人民政府应当加强对地质灾害防治工作的领导，组织有关部门采取措施，做好地质灾害防治工作。

县级以上人民政府应当组织有关部门开展地质灾害防治知识的宣传教育，增强公众的地质灾害防治意识和自救、互救能力。

**第七条** 国务院国土资源主管部门负责全国地质灾害防治的组织、协调、指导和监督工作。国务院其他有关部门按照各自的职责负责有关的地质灾害防治工作。

县级以上地方人民政府国土资源主管部门负责本行政区域内地质灾害防治的组织、协调、指导和监督工作。县级以上地方人民政府其他有关部门按照各自的职责负责有关的地质灾害防治工作。

**第八条** 国家鼓励和支持地质灾害防治科学技术研究，推广先进的地质灾害防治技术，普及地质灾害防治的科学知识。

**第九条** 任何单位和个人对地质灾害防治工作中的违法行为都有权检举和控告。

在地质灾害防治工作中做出突出贡献的单位和个人，由人民政府给予奖励。

## 第二章 地质灾害防治规划

**第十条** 国家实行地质灾害调查制度。

国务院国土资源主管部门会同国务院建设、水利、铁路、交通等部门结合地质环境状况组织开展全国的地质灾害调查。

县级以上地方人民政府国土资源主管部门会同同级建设、水利、交通等部门结合地质环境状况组织开展本行政区域的地质灾害调查。

**第十一条** 国务院国土资源主管部门会同国务院建设、水利、铁路、交通等部门，依据全国地质灾害调查结果，编制全国地质灾害防治规划，经专家论证后报国务院批准公布。

县级以上地方人民政府国土资源主管部门会同同级建设、水利、交通等部门，依据本行政区域的地质灾害调查结果和上一级地质灾害防治规划，编制本行政区域的地质灾害防治规划，经专家论证后报本级人民政府批准公布，并报上一级人民政府国土资源主管部门备案。

修改地质灾害防治规划，应当报经原批准机关批准。

**第十二条** 地质灾害防治规划包括以下内容：

（一）地质灾害现状和发展趋势预测；

（二）地质灾害的防治原则和目标；

（三）地质灾害易发区、重点防治区；

（四）地质灾害防治项目；

（五）地质灾害防治措施等。

县级以上人民政府应当将城镇、人口集中居住区、风景名胜区、大中型工矿企业所在地和交通干线、重点水利电力工程等基础设施作为地质灾害重点防治区中的防护重点。

第十三条 编制和实施土地利用总体规划、矿产资源规划以及水利、铁路、交通、能源等重大建设工程项目规划，应当充分考虑地质灾害防治要求，避免和减轻地质灾害造成的损失。

编制城市总体规划、村庄和集镇规划，应当将地质灾害防治规划作为其组成部分。

## 第三章 地质灾害预防

第十四条 国家建立地质灾害监测网络和预警信息系统。

县级以上人民政府国土资源主管部门应当会同建设、水利、交通等部门加强对地质灾害险情的动态监测。

因工程建设可能引发地质灾害的，建设单位应当加强地质灾害监测。

第十五条 地质灾害易发区的县、乡、村应当加强地质灾害的群测群防工作。在地质灾害重点防范期内，乡镇人民政府、基层群众自治组织应当加强地质灾害险情的巡回检查，发现险情及时处理和报告。

国家鼓励单位和个人提供地质灾害前兆信息。

第十六条 国家保护地质灾害监测设施。任何单位和个人不得侵占、损毁、损坏地质灾害监测设施。

第十七条 国家实行地质灾害预报制度。预报内容主要包括地质灾害可能发生的时间、地点、成灾范围和影响程度等。

地质灾害预报由县级以上人民政府国土资源主管部门会同气象主管机构发布。

任何单位和个人不得擅自向社会发布地质灾害预报。

第十八条 县级以上地方人民政府国土资源主管部门会同同级建设、水利、交通等部门依据地质灾害防治规划，拟订年度地质灾害防治方案，报本级人民政府批准后公布。

年度地质灾害防治方案包括下列内容：

（一）主要灾害点的分布；

（二）地质灾害的威胁对象、范围；

（三）重点防范期；

（四）地质灾害防治措施；

（五）地质灾害的监测、预防责任人。

第十九条 对出现地质灾害前兆、可能造成人员伤亡或者重大财产损失的区域和地段，县级人民政府应当及时划定为地质灾害危险区，予以公告，并在地质灾害危险区的边界设置明显警示标志。

在地质灾害危险区内，禁止爆破、削坡、进行工程建设以及从事其他可能引发地质灾害的活动。

县级以上人民政府应当组织有关部门及时采取工程治理或者搬迁避让措施，保证地质灾害危险区内居民的生命和财产安全。

第二十条 地质灾害险情已经消除或者得到有效控制的，县级人民政府应当及时撤销原划定的地质灾害危险区，并予以公告。

第二十一条 在地质灾害易发区内进行工程建设应当在可行性研究阶段进行地质灾害危险性评估，并将评估结果作为可行性研究报告的组成部分；可行性研究报告未包含地质灾害危险性评估结果的，不得批准其可行性研究报告。

编制地质灾害易发区内的城市总体规划、村庄和集镇规划时，应当对规划区进行地质灾害危险性评估。

第二十二条 国家对从事地质灾害危险性评估的单位实行资质管理制度。地质灾害危险性评估单位应当具备下列条件，经省级以上人民政府国土资源主管部门资质审查合格，取得国土资源主管部门颁发的相应等级的资质证书后，方可在资质等级许可的范围内从事地质灾害危险性评估业务：

（一）有独立的法人资格；

（二）有一定数量的工程地质、环境地质和岩土工程等相应专业的技术人员；

（三）有相应的技术装备。

地质灾害危险性评估单位进行评估时，应当对建设工程遭受地质灾害危害的可能性和该工程建设中、建成后引发地质灾害的可能性做出评价，提出具体的预防治理措施，并对评估结果负责。

第二十三条 禁止地质灾害危险性评估单位超越其资质等级许可的范围或者以其他地质灾害危险性评估单位的名义承揽地质灾害危险性评估业务。

禁止地质灾害危险性评估单位允许其他单位以本单位的名义承揽地质灾害危险性评估业务。

禁止任何单位和个人伪造、变造、买卖地质灾害危险性评估资质证书。

第二十四条 对经评估认为可能引发地质灾害或者可能遭受地质灾害危害的建设工程，应当配套建设地质灾害治理工程。地质灾害治理工程的设计、施工和验收应当与主体工程的设计、施工、验收同时进行。

配套的地质灾害治理工程未经验收或者经验收不合格的，主体工程不得投入生产或者使用。

## 第四章 地质灾害应急

第二十五条 国务院国土资源主管部门会同国务院建设、水利、铁路、交通等部门拟订全国突发性地质灾害应急预案，报国务院批准后公布。

县级以上地方人民政府国土资源主管部门会同同级建设、水利、交通等部门拟订本行政区域的突发性地质灾害应急预案，报本级人民政府批准后公布。

**第二十六条** 突发性地质灾害应急预案包括下列内容：

（一）应急机构和有关部门的职责分工；

（二）抢险救援人员的组织和应急、救助装备、资金、物资的准备；

（三）地质灾害的等级与影响分析准备；

（四）地质灾害调查、报告和处理程序；

（五）发生地质灾害时的预警信号、应急通信保障；

（六）人员财产撤离、转移路线、医疗救治、疾病控制等应急行动方案。

**第二十七条** 发生特大型或者大型地质灾害时，有关省、自治区、直辖市人民政府应当成立地质灾害抢险救灾指挥机构。必要时，国务院可以成立地质灾害抢险救灾指挥机构。

发生其他地质灾害或者出现地质灾害险情时，有关市、县人民政府可以根据地质灾害抢险救灾工作的需要，成立地质灾害抢险救灾指挥机构。

地质灾害抢险救灾指挥机构由政府领导负责、有关部门组成，在本级人民政府的领导下，统一指挥和组织地质灾害的抢险救灾工作。

**第二十八条** 发现地质灾害险情或者灾情的单位和个人，应当立即向当地人民政府或者国土资源主管部门报告。其他部门或者基层群众自治组织接到报告的，应当立即转报当地人民政府。

当地人民政府或者县级人民政府国土资源主管部门接到报告后，应当立即派人赶赴现场，进行现场调查，采取有效措施，防止灾害发生或者灾情扩大，并按照国务院国土资源主管部门关于地质灾害灾情分级报告的规定，向上级人民政府和国土资源主管部门报告。

**第二十九条** 接到地质灾害险情报告的当地人民政府、基层群众自治组织应当根据实际情况，及时动员受到地质灾害威胁的居民以及其他人员转移到安全地带；情况紧急时，可以强行组织避灾疏散。

**第三十条** 地质灾害发生后，县级以上人民政府应当启动并组织实施相应的突发性地质灾害应急预案。有关地方人民政府应当及时将灾情及其发展趋势等信息报告上级人民政府。

禁止隐瞒、谎报或者授意他人隐瞒、谎报地质灾害灾情。

**第三十一条** 县级以上人民政府有关部门应当按照突发性地质灾害应急预案的分工，

做好相应的应急工作。

国土资源主管部门应当会同同级建设、水利、交通等部门尽快查明地质灾害发生原因、影响范围等情况，提出应急治理措施，减轻和控制地质灾害灾情。

民政、卫生、食品药品监督管理、商务、公安部门，应当及时设置避难场所和救济物资供应点，妥善安排灾民生活，做好医疗救护、卫生防疫、药品供应、社会治安工作；气象主管机构应当做好气象服务保障工作；通信、航空、铁路、交通部门应当保证地质灾害应急的通信畅通和救灾物资、设备、药物、食品的运送。

第三十二条　根据地质灾害应急处理的需要，县级以上人民政府应当紧急调集人员，调用物资、交通工具和相关的设施、设备；必要时，可以根据需要在抢险救灾区域范围内采取交通管制等措施。

因救灾需要，临时调用单位和个人的物资、设施、设备或者占用其房屋、土地的，事后应当及时归还；无法归还或者造成损失的，应当给予相应的补偿。

第三十三条　县级以上地方人民政府应当根据地质灾害灾情和地质灾害防治需要，统筹规划、安排受灾地区的重建工作。

## 第五章　地质灾害治理

第三十四条　因自然因素造成的特大型地质灾害，确需治理的，由国务院国土资源主管部门会同灾害发生地的省、自治区、直辖市人民政府组织治理。

因自然因素造成的其他地质灾害，确需治理的，在县级以上地方人民政府的领导下，由本级人民政府国土资源主管部门组织治理。

因自然因素造成的跨行政区域的地质灾害，确需治理的，由所跨行政区域的地方人民政府国土资源主管部门共同组织治理。

第三十五条　因工程建设等人为活动引发的地质灾害，由责任单位承担治理责任。

责任单位由地质灾害发生地的县级以上人民政府国土资源主管部门负责组织专家对地质灾害的成因进行分析论证后认定。

对地质灾害的治理责任认定结果有异议的，可以依法申请行政复议或者提起行政诉讼。

第三十六条　地质灾害治理工程的确定，应当与地质灾害形成的原因、规模以及对人民生命和财产安全的危害程度相适应。

承担专项地质灾害治理工程勘查、设计、施工和监理的单位，应当具备下列条件，经省级以上人民政府国土资源主管部门资质审查合格，取得国土资源主管部门颁发的相应等级的资质证书后，方可在资质等级许可的范围内从事地质灾害治理工程的勘查、设计、施工和监理活动，并承担相应的责任：

（一）有独立的法人资格；

（二）有一定数量的水文地质、环境地质、工程地质等相应专业的技术人员；

（三）有相应的技术装备；

（四）有完善的工程质量管理制度。

地质灾害治理工程的勘查、设计、施工和监理应当符合国家有关标准和技术规范。

**第三十七条** 禁止地质灾害治理工程勘查、设计、施工和监理单位超越其资质等级许可的范围或者以其他地质灾害治理工程勘查、设计、施工和监理单位的名义承揽地质灾害治理工程勘查、设计、施工和监理业务。

禁止地质灾害治理工程勘查、设计、施工和监理单位允许其他单位以本单位的名义承揽地质灾害治理工程勘查、设计、施工和监理业务。

禁止任何单位和个人伪造、变造、买卖地质灾害治理工程勘查、设计、施工和监理资质证书。

**第三十八条** 政府投资的地质灾害治理工程竣工后，由县级以上人民政府国土资源主管部门组织竣工验收。其他地质灾害治理工程竣工后，由责任单位组织竣工验收；竣工验收时，应当有国土资源主管部门参加。

**第三十九条** 政府投资的地质灾害治理工程经竣工验收合格后，由县级以上人民政府国土资源主管部门指定的单位负责管理和维护；其他地质灾害治理工程经竣工验收合格后，由负责治理的责任单位负责管理和维护。

任何单位和个人不得侵占、损毁、损坏地质灾害治理工程设施。

## 第六章 法 律 责 任

**第四十条** 违反本条例规定，有关县级以上地方人民政府、国土资源主管部门和其他有关部门有下列行为之一的，对直接负责的主管人员和其他直接责任人员，依法给予降级或者撤职的行政处分；造成地质灾害导致人员伤亡和重大财产损失的，依法给予开除的行政处分；构成犯罪的，依法追究刑事责任：

（一）未按照规定编制突发性地质灾害应急预案，或者未按照突发性地质灾害应急预案的要求采取有关措施、履行有关义务的；

（二）在编制地质灾害易发区内的城市总体规划、村庄和集镇规划时，未按照规定对规划区进行地质灾害危险性评估的；

（三）批准未包含地质灾害危险性评估结果的可行性研究报告的；

（四）隐瞒、谎报或者授意他人隐瞒、谎报地质灾害灾情，或者擅自发布地质灾害预报的；

（五）给不符合条件的单位颁发地质灾害危险性评估资质证书或者地质灾害治理工程勘查、设计、施工、监理资质证书的；

（六）在地质灾害防治工作中有其他渎职行为的。

**第四十一条** 违反本条例规定，建设单位有下列行为之一的，由县级以上地方人民政府国土资源主管部门责令限期改正；逾期不改正的，责令停止生产、施工或者使用，处10万元以上50万元以下的罚款；构成犯罪的，依法追究刑事责任：

（一）未按照规定对地质灾害易发区内的建设工程进行地质灾害危险性评估的；

（二）配套的地质灾害治理工程未经验收或者经验收不合格，主体工程即投入生产或者使用的。

**第四十二条** 违反本条例规定，对工程建设等人为活动引发的地质灾害不予治理的，由县级以上人民政府国土资源主管部门责令限期治理；逾期不治理或者治理不符合要求的，由责令限期治理的国土资源主管部门组织治理，所需费用由责任单位承担，处10万元以上50万元以下的罚款；给他人造成损失的，依法承担赔偿责任。

**第四十三条** 违反本条例规定，在地质灾害危险区内爆破、削坡、进行工程建设以及从事其他可能引发地质灾害活动的，由县级以上地方人民政府国土资源主管部门责令停止违法行为，对单位处5万元以上20万元以下的罚款，对个人处1万元以上5万元以下的罚款；构成犯罪的，依法追究刑事责任；给他人造成损失的，依法承担赔偿责任。

**第四十四条** 违反本条例规定，有下列行为之一的，由县级以上人民政府国土资源主管部门或者其他部门依据职责责令停止违法行为，对地质灾害危险性评估单位、地质灾害治理工程勘查、设计或者监理单位处合同约定的评估费、勘查费、设计费或者监理酬金1倍以上2倍以下的罚款，对地质灾害治理工程施工单位处工程价款2%以上4%以下的罚款，并可以责令停业整顿，降低资质等级；有违法所得的，没收违法所得；情节严重的，吊销其资质证书；构成犯罪的，依法追究刑事责任；给他人造成损失的，依法承担赔偿责任：

（一）在地质灾害危险性评估中弄虚作假或者故意隐瞒地质灾害真实情况的；

（二）在地质灾害治理工程勘查、设计、施工以及监理活动中弄虚作假、降低工程质量的；

（三）无资质证书或者超越其资质等级许可的范围承揽地质灾害危险性评估、地质灾害治理工程勘查、设计、施工及监理业务的；

（四）以其他单位的名义或者允许其他单位以本单位的名义承揽地质灾害危险性评估、地质灾害治理工程勘查、设计、施工和监理业务的。

第四十五条　违反本条例规定，伪造、变造、买卖地质灾害危险性评估资质证书、地质灾害治理工程勘查、设计、施工和监理资质证书的，由省级以上人民政府国土资源主管部门收缴或者吊销其资质证书，没收违法所得，并处 5 万元以上 10 万元以下的罚款；构成犯罪的，依法追究刑事责任。

第四十六条　违反本条例规定，侵占、损毁、损坏地质灾害监测设施或者地质灾害治理工程设施的，由县级以上地方人民政府国土资源主管部门责令停止违法行为，限期恢复原状或者采取补救措施，可以处 5 万元以下的罚款；构成犯罪的，依法追究刑事责任。

## 第七章　附　　则

第四十七条　在地质灾害防治工作中形成的地质资料，应当按照《地质资料管理条例》的规定汇交。

第四十八条　地震灾害的防御和减轻依照防震减灾的法律、行政法规的规定执行。防洪法律、行政法规对洪水引发的崩塌、滑坡、泥石流的防治有规定的，从其规定。

第四十九条　本条例自 2004 年 3 月 1 日起施行。

## B.2　公路交通突发事件应急预案

1. 总则

1.1　编制目的

为规范和加强公路交通突发事件的应急管理工作，指导、协调各地建立和完善应急预案体系，有效应对公路交通突发事件，及时保障、恢复公路交通正常运行，制定本预案。

1.2　编制依据

依据《中华人民共和国突发事件应对法》《中华人民共和国公路法》《公路安全保护条例》《突发事件应急预案管理办法》《国家突发公共事件总体应急预案》《交通运输突发事件应急管理规定》《交通运输部突发事件应急工作暂行规范》等相关规定。

1.3　事件分级

本预案所称公路交通突发事件，是指由于自然灾害、事故等原因引发，造成或者可能造成公路交通运行中断，需要及时进行抢修保通、恢复通行能力的，以及由于重要物资、人员运输特殊要求，需要提供公路应急通行保障的紧急事件。

公路交通突发事件按照性质类型、严重程度、可控性和影响范围等因素，分为四个等级：Ⅰ级（特别重大）、Ⅱ级（重大）、Ⅲ级（较大）和Ⅳ级（一般）。

（1）Ⅰ级事件。事态非常复杂，已经或可能造成特别重大人员伤亡、特别重大财产损失，需交通运输部组织协调系统内多方面力量和资源进行应急处置的公路交通突发事件。

（2）Ⅱ级事件。事态复杂，已经或可能造成重大人员伤亡、重大财产损失，需省级交通运输主管部门组织协调系统内多方面力量和资源进行应急处置的公路交通突发事件。

（3）Ⅲ级事件。事态较为复杂，已经或可能造成较大人员伤亡、较大财产损失，需市级交通运输主管部门组织协调系统内多方面力量和资源进行应急处置的公路交通突发事件。

（4）Ⅳ级事件。事态比较简单，已经或可能造成人员伤亡、财产损失，需县级交通运输主管部门组织协调系统内多方面力量和资源进行应急处置的公路交通突发事件。

自然灾害等对公路交通的影响尚不明确，而国家专项应急预案或相关主管部门已明确事件等级标准的，可参照执行。

省级交通运输主管部门可以结合本地区实际情况，对Ⅱ级、Ⅲ级和Ⅳ级公路交通突发事件分级情形进行细化补充。

### 1.4 适用范围

本预案适用于Ⅰ级公路交通突发事件的应对工作，以及需要由交通运输部指导、支持处置的Ⅰ级以下公路交通突发事件或者其他紧急事件的应对工作。

本预案指导地方公路交通突发事件应急预案的编制和地方交通运输主管部门对公路交通突发事件的应对工作。

### 1.5 工作原则

（1）依法应对，预防为主。公路交通突发事件应对要坚持以人民为中心的发展思想，严格按照国家相关法律法规要求，不断提高应急科技水平，增强预警预防、应急处置与保障能力，坚持预防与应急相结合，常态与非常态相结合，提高防范意识，做好预案演练、宣传和培训等各项保障工作。

（2）统一领导，分级负责。公路交通突发事件应对以属地管理为主，在人民政府的统一领导下，由交通运输主管部门牵头，结合各地公路管理体制，充分发挥公路管理机构的作用，建立健全责任明确、分级响应、条块结合、保障有力的应急管理体系。

（3）规范有序，协调联动。建立统一指挥、分工明确、反应灵敏、协调有序、运转高效的应急响应程序，加强与其他相关部门的协作，形成优势互补、资源共享的公路交通突发事件应急处置机制，提高应对突发事件的科学决策和指挥能力。

### 1.6 应急预案体系

（1）国家公路交通突发事件应急预案。交通运输部应对公路交通突发事件和指导地方公路交通突发事件应急预案编制的政策性文件，由交通运输部公布实施。

（2）地方公路交通突发事件应急预案。省、市、县级交通运输主管部门按照交通运输部制定的公路交通突发事件应急预案，在本级人民政府的领导和上级交通运输主管部门的指导下,为及时应对本行政区域内发生的公路交通突发事件而制定的应急预案,由地方交通运输主管部门公布实施。

(3)公路交通企事业单位突发事件应急预案。公路管理机构、公路交通企业等根据国家及地方公路交通突发事件应急预案的要求,结合自身实际,为及时应对可能发生的各类突发事件而制定的应急预案,由各公路交通企事业单位实施。

(4)应急预案操作手册。各级交通运输主管部门、公路交通企事业单位可根据有关应急预案要求,制定与应急预案相配套的工作程序文件。

2. 组织体系及职责

公路交通应急组织体系由国家、省、市和县四级组成。

2.1 国家应急组织机构

交通运输部负责全国公路交通突发事件应急处置工作的协调、指导和监督。

2.1.1 应急领导小组

交通运输部在启动公路交通突发事件应急响应时,同步成立交通运输部应对××事件应急工作领导小组(以下简称领导小组)。领导小组是公路交通突发事件的指挥机构,由交通运输部部长或者经部长授权的分管部领导任组长,分管部领导、部总师或者公路局及办公厅、应急办主要负责人任副组长,交通运输部相关司局及路网监测与应急处置中心(以下简称部路网中心)负责人为成员。领导小组主要职责如下:

(1)负责组织协调公路交通突发事件的应急处置工作,发布指挥调度命令,并督促检查执行情况。

(2)根据国务院要求或者根据应急处置需要,成立现场工作组,并派往突发事件现场开展应急处置工作。

(3)根据需要,会同国务院有关部门,制定应对突发事件的联合行动方案,并监督实施。

(4)当突发事件由国务院统一指挥时,领导小组按照国务院的指令,执行相应的应急行动。

(5)决定公路交通突发事件应急响应终止。

(6)其他相关重大事项。

领导小组下设综合协调组、抢通保通组、运输保障组、新闻宣传组、通信保障组、后勤保障组等应急工作组。应急工作组由部相关司局和单位组成,在领导小组统一领导下具体承担应急处置工作,并在终止应急响应时宣布取消。应急工作组组成人员,由各应急工作组组长根据应急工作需要提出,报领导小组批准。视情成立专家组、现场工作组和灾情评估组,在领导小组统一协调下开展工作。

### 2.1.2 应急工作组

（1）综合协调组。由部应急办或办公厅负责人任组长，视情由部相关司局和单位人员组成。负责起草领导小组工作会议纪要、明传电报、重要报告、综合类文件，向中办信息综合室、国务院总值班室和相关部门报送信息，协助领导小组落实党中央和国务院领导同志以及部领导的有关要求，承办领导小组交办的其他工作。

（2）抢通保通组。由部公路局负责人任组长，视情由部相关司局和单位人员组成。负责组织协调公路抢修保通、跨省应急通行保障工作，组织协调跨省应急队伍调度和应急装备物资调配，拟定跨省公路绕行方案并组织实施，协调武警交通部队和社会力量参与公路抢通工作，拟定抢险救灾资金补助方案。

（3）运输保障组。由部运输服务司负责人任组长，视情由部相关司局和单位人员组成。负责组织协调人员、物资的应急运输保障工作，协调与其他运输方式的联运工作，拟定应急运输征用补偿资金补助方案。

（4）新闻宣传组。由部政策研究室负责人任组长，视情由部相关司局和单位人员组成。负责突发事件的新闻宣传工作。

（5）通信保障组。由部通信信息中心负责人任组长，部通信信息中心相关处室负责人任成员。负责应急处置过程中网络、视频、通信等保障工作。

（6）后勤保障组。由部机关服务中心负责人任组长，部机关服务中心相关处室人员任成员。负责应急响应期间24小时后勤服务保障工作；承办领导小组交办的其他工作。

### 2.1.3 专家组

专家组由领导小组在专家库中选择与事件处置有关的专家组成。负责对应急准备以及应急行动方案提供专业咨询和建议，根据需要参加公路交通突发事件的应急处置工作。

### 2.1.4 现场工作组

现场工作组由部公路局带队，相关司局和单位人员组成。现场工作组按照统一部署，在突发事件现场指导开展应急处置工作，并及时向领导小组报告现场有关情况。必要时，现场工作组可由部领导带队。

### 2.1.5 灾情评估组

灾情评估组由部总师任组长，根据需要由部相关司局和单位人员组成。负责组织灾后调查工作，指导拟定公路灾后恢复重建方案，对突发事件情况、应急处置措施、取得成效、存在的主要问题等进行总结和评估。

### 2.1.6 日常机构

部路网中心作为国家公路交通应急日常机构，在交通运输部领导下开展工作。

日常状态时，主要承担国家高速公路网、重要干线公路及特大桥梁、长大隧道的运行监测及有关信息的接收、分析、处理和发布，承担全国公路网运行监测、应急处置技术支持等相关政策、规章制度、标准规范的研究、起草工作，承担全国公路网运行监测、重大突发事件预警与应急处置等信息平台的管理和维护，组织公路交通应急培训，参与组织部省联合应急演练，承担应急咨询专家库的建设与管理，承担国家区域性公路交通应急装备物资储备运行管理有关工作等。

应急状态时，在领导小组统一领导下，主要承担全国公路网运行统筹调度、跨省公路绕行、应急抢修保通等事项的组织与协调的有关业务支撑工作，承担与地方公路交通相关机构的联络和全国公路交通突发事件应急信息的内部报送等。

2.2 地方应急组织机构

地方交通运输主管部门负责本行政区域内相应级别公路交通突发事件应急处置工作的组织、协调、指导和监督。

省、市、县级交通运输主管部门可参照国家应急组织机构组建模式，根据本地区实际情况成立应急组织机构，明确相关职责。

3. 预防与预警

3.1 预警机制

各级交通运输主管部门应在日常工作中开展预警预防工作，重点做好对气象、国土等部门的预警信息以及公路交通突发事件相关信息的搜集、接收、整理和风险分析工作，完善预测预警联动机制，建立完善预测预警及出行信息发布系统。针对各种可能对公路交通运行产生影响的情况，按照相关程序转发或者联合发布预警信息，做好预防与应对准备工作，并及时向公众发布出行服务信息和提示信息。

3.2 预警信息收集

预警信息及出行服务信息来源包括：

（1）气象、地震、国土资源、水利、公安、安监等有关部门的监测和灾害预报预警信息以及国家重点或者紧急物资运输通行保障需求信息。

（2）各级交通运输主管部门及相关管理机构有关公路交通中断、阻塞的监测信息。

（3）其他需要交通运输主管部门提供应急保障的紧急事件信息。

信息收集内容包括预计发生事件的类型、出现的时间、地点、规模、可能引发的影响及发展趋势等。

3.3 预警信息发布

部路网中心接到可能引发重大公路交通突发事件的相关信息后，及时核实有关情况，确需发布预警信息的，报请公路局，转发预警信息或与气象部门联合发布重大公路气象预警，提示地方交通运输主管部门做好相应防范和准备工作。省级交通运输主管部门接到预警信息后，应当加强应急监测，及时向部路网中心报送路网运行信息，并研究确定应对方案。

地方各级交通运输主管部门或公路管理机构，可根据所在行政区域有关部门发布的预警信息，及其对公路交通影响情况，转发或联合发布预警信息。预警信息发布程序可结合当地实际确定。

3.4 防御响应

3.4.1 防御响应范围

防御响应是根据预警信息，在突发事件发生前采取的应对措施，是预警预防机制的重要内容。根据实际工作需要，本预案主要规定低温雨雪冰冻、强降水等天气下，部本级的防御响应工作。

3.4.2 防御响应程序

（1）部路网中心接到预计全国将出现大范围低温雨雪冰冻天气、区域性强降水，且对公路交通可能造成严重影响的信息时，及时核实有关情况，报部公路局、应急办。

（2）部公路局商部应急办提出启动防御响应建议。

（3）拟启动Ⅰ级防御响应的，经分管部领导同意，报请部长核准后启动；拟启动Ⅱ级防御响应的，经分管部领导同意后启动。启动防御响应时，同步成立领导小组，并将启动防御响应有关信息按规定报中办信息综合室、国务院总值班室，抄送应急协作部门，通知相关省级交通运输主管部门。有关信息需及时向社会公布。

（4）根据事件发展态势，防御响应可转入应急响应，按照应急响应程序处置。

（5）当预计的天气情况未对公路交通造成影响，或天气预警降低为蓝色（一般）级别或解除时，防御响应自动结束。

3.4.3 防御措施

由部领导组织召开会议，部相关司局负责人参加，立即部署防御响应工作，明确工作重点；指导地方各级交通运输主管部门和应急队伍做好装备、物资、人员等各项准备工作；做好和相关部门信息共享和协调联动工作。

部路网中心立即开展应急监测和预警信息专项报送工作，掌握并报告事态进展情况，根据领导小组要求增加报告频率，形成事件动态报告机制。

4. 应急处置

4.1 分级响应

公路交通突发事件应急响应分为部、省、市、县四级部门响应。交通运输部应急响应分Ⅰ级和Ⅱ级，省、市、县级部门应急响应一般可分为Ⅰ级、Ⅱ级、Ⅲ级和Ⅳ级四个等级。

4.1.1　Ⅰ级公路交通突发事件分级响应

发生Ⅰ级公路交通突发事件时，由交通运输部启动并实施Ⅰ级应急响应，相关省、市、县级交通运输主管部门分别启动并实施本级部门Ⅰ级应急响应。

4.1.2　Ⅱ级公路交通突发事件分级响应

发生Ⅱ级公路交通突发事件时，由省级交通运输主管部门启动并实施省级部门应急响应，相关市、县级交通运输主管部门分别启动并实施本级部门应急响应且响应级别不应低于省级部门应急响应级别。

4.1.3　Ⅲ级公路交通突发事件分级响应

发生Ⅲ级公路交通突发事件时，由市级交通运输主管部门启动并实施市级部门应急响应，相关县级交通运输主管部门启动并实施县级部门应急响应且响应级别不应低于市级部门应急响应级别。

4.1.4　Ⅳ级公路交通突发事件分级响应

发生Ⅳ级公路交通突发事件时，由县级交通运输主管部门启动并实施县级部门应急响应。

4.1.5　专项响应

发生Ⅱ、Ⅲ、Ⅳ级公路交通突发事件时，按照国务院部署，或者根据省级交通运输主管部门请求，或者根据对省、市、县级部门应急响应工作的重点跟踪，交通运输部可视情启动Ⅱ级应急响应，指导、支持地方交通运输主管部门开展应急处置工作。

指导、支持措施主要包括：

（1）派出现场工作组或者有关专业技术人员给予指导。

（2）协调事发地周边省份交通运输主管部门、武警交通部队给予支持。

（3）调用国家区域性公路交通应急装备物资储备给予支持。

（4）在资金等方面给予支持。

4.2　响应启动程序

4.2.1　交通运输部应急响应启动程序

（1）部路网中心接到突发事件信息报告后，及时核实有关情况，报部公路局、应急办。

（2）由部公路局商应急办提出启动Ⅰ、Ⅱ级应急响应建议。

（3）拟启动Ⅰ级应急响应的，经分管部领导同意，报请部长核准后启动，同步成立领导小组，各应急工作组、部路网中心等按照职责开展应急工作，并将启动Ⅰ级应急响应有关信息按规定报中办信息综合室、国务院总值班室，抄送应急协作部门，通知相关省级交通运输主管部门。

（4）拟启动Ⅱ级应急响应的，经分管部领导同意后启动，同步成立领导小组，并按照需要成立相应应急工作组。领导小组组成人员报部长核准。

（5）Ⅱ级应急响应启动后，发现事态扩大并符合Ⅰ级应急响应条件的，按照前款规定及时启动Ⅰ级应急响应。

（6）应急响应启动后，应及时向社会公布。

4.2.2 省、市、县级部门应急响应启动程序

省、市、县级交通运输主管部门根据本地区实际情况，制定本级部门应急响应等级、响应措施及启动程序。省级交通运输主管部门启动Ⅲ级及以上公路交通突发事件应急响应的，应报部路网中心。

4.3 信息报告与处理

交通运输部按有关规定向中办信息综合室、国务院总值班室及时报送突发事件信息。

交通运输部和应急协作部门建立部际信息快速通报与联动响应机制，明确各相关部门的应急日常管理机构名称和联络方式，确定不同类别预警与应急信息的通报部门，建立信息快速沟通渠道，规定各类信息的通报与反馈时限，形成较为完善的突发事件信息快速沟通机制。

交通运输部和省级交通运输主管部门建立完善部省公路交通应急信息报送与联动机制，部路网中心汇总上报的公路交通突发事件信息，及时向可能受影响的省（区、市）发布。

交通运输部应急响应启动后，事件所涉及省份的相关机构应将应急处置工作进展情况及时报部路网中心，并按照"零报告"制度，形成定时情况简报，直到应急响应终止。具体报送程序、报送方式按照《交通运输突发事件信息报告和处理办法》《交通运输部公路交通阻断信息报送制度》等相关规定执行。部路网中心应及时将进展信息汇总形成每日公路交通突发事件情况简报，上报领导小组。省、市、县级部门应急响应的信息报送与处理，参照交通运输部应急响应执行。信息报告内容包括事件的类型、发生时间、地点、发生原因、影响范围和程度、发展势态、受损情况、已采取的应急处置措施和成效、联系人及联系方式等。

省级交通运输主管部门制定本地信息报送内容要求与处理流程。

4.4 响应终止

4.4.1 应急响应终止程序

（1）部路网中心根据掌握的事件信息，并向事发地省级交通运输主管部门核实公路交通基本恢复运行或者公路交通突发事件得到控制后，报领导小组。

（2）由抢通保通组商综合协调组提出终止Ⅰ、Ⅱ级应急响应建议和后续处理意见。

（3）拟终止Ⅰ级应急响应的，经领导小组组长同意后终止，或者降低为Ⅱ级应急响应，转入相应等级的应急响应工作程序，同步调整领导小组及下设工作组。

（4）拟终止Ⅱ级应急响应的，经领导小组组长同意后终止。

（5）终止应急响应或降低响应等级的有关信息，按规定报中办信息综合室、国务院总值班室，抄送应急协作部门，通知相关省级交通运输主管部门。

4.4.2  省、市、县级部门应急响应终止程序

省、市、县级交通运输主管部门根据本地区实际情况，制定本级部门应急响应终止程序。

4.5  总结评估

事发地交通运输主管部门应当按照有关要求，及时开展灾后总结评估工作，准确统计公路基础设施损毁情况，客观评估应急处置工作成效，深入总结存在问题和下一步改进措施，并按规定向本级人民政府和上级交通运输主管部门上报总结评估材料。交通运输部应急响应终止后，部公路局及时组织参与单位开展总结评估工作，并报部领导。

5. 应急保障

5.1  队伍保障

各级交通运输主管部门按照"统一指挥、分级负责，平急结合、协调运转"的原则建立公路交通突发事件应急队伍。

5.1.1  国家公路交通应急队伍

武警交通部队纳入国家应急救援力量体系，作为国家公路交通应急抢险救援、抢通保通队伍，兵力调动使用按照有关规定执行。

5.1.2  地方公路交通应急队伍

地方交通运输主管部门应当根据路网规模、结构和易发突发事件特点，负责本地应急抢险救援、抢通保通队伍的组建和日常管理。应急队伍可以专兼结合，充分吸收社会力量参与。

5.1.3  社会力量动员与参与

地方交通运输主管部门应根据本地区实际情况和突发事件特点，制定社会动员方案，明确动员的范围、组织程序、决策程序。在公路交通自有应急力量不能满足应急处置需求时，向本级人民政府提出请求，动员社会力量或协调其他专业应急力量参与应急处置工作。

5.2  装备物资保障

5.2.1  公路交通应急装备物资储备原则

建立实物储备与商业储备相结合、生产能力储备与技术储备相结合、政府采购与政府

补贴相结合的应急装备物资储备方式，强化应急装备物资储备能力。储备装备物资时，应统筹考虑交通战备物资储备情况。

5.2.2 公路交通应急装备物资储备体系

公路交通应急装备物资储备体系由国家、省、市三级公路交通应急装备物资储备中心（点）构成。

5.2.3 应急装备物资管理

公路交通应急装备物资储备中心（点）应当建立完善的各项应急物资管理规章制度，制定采购、储存、更新、调拨、回收各个工作环节的程序和规范，加强装备物资储备过程中的监管，防止储备装备物资被盗用、挪用、流失和失效，对各类物资及时予以补充和更新。

当本级应急装备物资储备在数量、种类及时间、地理条件等受限制的情况下，需要调用上一级应急装备物资储备中心（点）装备物资储备时，由上一级交通运输主管部门下达调用指令；需要调用国家区域性公路交通应急装备物资储备中心装备物资储备时，由交通运输部下达调用指令。

5.3 通信保障

在充分整合现有交通通信信息资源的基础上，加快建立和完善"统一管理、多网联动、快速响应、处理有效"的公路交通应急通信系统，确保公路交通突发事件应对工作的通信畅通。

5.4 技术保障

5.4.1 科技支撑

各级交通运输主管部门应当建立健全公路交通突发事件技术支撑体系，加强突发事件管理技术的开发和储备，重点加强智能化的应急指挥通信、预测预警、辅助决策、特种应急抢险等技术装备的应用，建立突发事件预警、分析、评估、决策支持系统，提高防范和处置公路交通突发事件的决策水平。

5.4.2 应急数据库

建立包括专家咨询、知识储备、应急预案、应急队伍与装备物资资源等数据库。

公路交通应急抢险保通和应急运输保障队伍，以及装备物资的数据资料应当定期更新。

公路数据库、农村公路数据库、交通移动应急通信指挥平台数据库、交通量调查数据库等交通运输各业务数据库应当为公路交通突发事件处置工作提供数据支持。在部启动防御响应或应急响应后，相关数据库维护管理单位应当为应急处置工作提供必要的技术支撑，并安排专职应急值班人员。

5.5 资金保障

公路交通应急保障所需的各项经费,应当按照事权、财权划分原则,分级负担,并按规定程序列入各级交通运输主管部门年度预算。

鼓励自然人、法人或者其他组织按照有关法律法规的规定进行捐赠和援助。

各级交通运输主管部门应当建立有效的监管和评估体系,对公路交通突发事件应急保障资金的使用及效果进行监管和评估。

5.6 应急演练

交通运输部会同有关单位制定部省联合应急演练计划并组织开展实地演练与模拟演练相结合的多形式应急演练活动。

地方交通运输主管部门要结合所辖区域实际,有计划、有重点地组织应急演练。地方公路交通突发事件应急演练至少每年进行一次,突发事件易发地应当经常组织开展应急演练。应急演练结束后,演练组织单位应当及时组织演练评估。鼓励委托第三方进行演练评估。

5.7 应急培训

各级交通运输主管部门应当将应急教育培训纳入日常管理工作,应急保障相关人员至少每2年接受一次培训,并依据培训记录,对应急人员实行动态管理。

5.8 责任与奖惩

对公路交通突发事件应对工作中做出突出贡献的先进集体和个人要及时地给予宣传、表彰和奖励。

对迟报、谎报、瞒报和漏报重要信息或者应急管理工作有其他失职、渎职行为的,按照有关规定处理。

6. 附则

6.1 预案管理与更新

出现下列情形之一时,交通运输部将组织修改完善本预案,更新后报国务院:

(1) 预案依据的有关法律、行政法规、规章、标准、上位预案中的有关规定发生变化的;

(2) 公路交通突发事件应急机构及其职责发生重大变化或调整的;

(3) 预案中的其他重要信息发生变化的;

(4) 在突发事件实际应对和应急演练中发现问题需要进行重大调整的;

(5) 预案制定单位认为应当修订的其他情况。

地方公路交通突发事件应急预案于印发后20个工作日内报本级人民政府和上级交通运输主管部门备案。公路交通企事业单位突发事件应急预案于印发后20个工作日内报所属地交通运输主管部门备案。

6.2 预案监督与检查

上级交通运输主管部门应根据职责，定期组织对下级交通运输主管部门、公路交通企事业单位应急预案编制与执行情况进行监督检查，并予以通报。

监督检查内容主要包括应急预案编制、组织机构及队伍建设、装备物资储备、信息报送与发布、应急培训与演练、应急资金落实、应急评估等情况。

6.3 预案制定与解释

本预案由交通运输部负责制定、组织实施和解释。

6.4 预案实施时间

本预案自印发之日起实施。

# 附录 C  地质灾害调查表

**崩 塌 调 查 表**　　　　　　　　　　　　　　　　　　　　　　附表 C-1

| | | | | | | | |
|---|---|---|---|---|---|---|---|
| | 公路名称 | | | 经纬度 | E:<br>N: | 坐标 | X:<br>Y: |
| | 公路等级 | | | | | | |
| | 里程桩号 | | | 管养单位 | | | |

<table>
<tr><td rowspan="7">崩塌发生的斜坡环境</td><td rowspan="3">地质环境</td><td colspan="3" align="center">崩塌（危岩）地层岩性</td><td colspan="3" align="center">微地貌</td></tr>
<tr><td>时代</td><td>岩性</td><td>产状</td><td colspan="3">□陡崖　□陡坡　□上凸下凹坡　□上陡下缓坡</td></tr>
<tr><td></td><td></td><td></td><td colspan="3"></td></tr>
<tr><td rowspan="2">降雨河流影响</td><td colspan="3" align="center">降雨量（mm）</td><td colspan="3" align="center">相对于河流的位置</td></tr>
<tr><td>年均</td><td>日最大</td><td>临界雨量</td><td colspan="3">□右岸　□左岸　□凹岸　□凸岸</td></tr>
<tr><td rowspan="2">危岩斜坡</td><td colspan="2" align="center">坡高（m）</td><td colspan="2" align="center">坡度（°）</td><td colspan="2" align="center">坡向（°）</td></tr>
<tr><td colspan="2"></td><td colspan="2"></td><td colspan="2"></td></tr>
</table>

<table>
<tr><td rowspan="16">崩塌基本特征</td><td rowspan="7">危岩岩体结构特征</td><td colspan="6" align="center">危岩体分割结构面</td></tr>
<tr><td>组</td><td>结构面产状</td><td>裂缝贯通长度（m）</td><td>线密度（条/m）</td><td>危岩分割块度（长×宽×高）(m)</td><td>裂缝张开度（mm）</td><td>裂缝充填物及胶结度</td></tr>
<tr><td>①</td><td>∠</td><td></td><td></td><td></td><td></td><td></td></tr>
<tr><td>②</td><td>∠</td><td></td><td></td><td></td><td></td><td></td></tr>
<tr><td>③</td><td>∠</td><td></td><td></td><td></td><td></td><td></td></tr>
<tr><td>④</td><td>∠</td><td></td><td></td><td></td><td></td><td></td></tr>
<tr><td>风化带厚度（m）</td><td>卸荷带宽度（m）</td><td>危岩带顺坡长度（m）</td><td>危岩带最大宽度（m）</td><td>危岩带最大高度（m）</td><td>主崩方向（°）</td><td>凹岩腔（高度×宽度×深度）(m)</td></tr>
<tr><td colspan="2" rowspan="3">落石崩塌变形情况</td><td>近期发生时间</td><td colspan="2">主要特征</td><td colspan="4">造成灾害</td></tr>
<tr><td></td><td colspan="2"></td><td colspan="4"></td></tr>
<tr><td colspan="2" rowspan="3">崩塌堆积体特征</td><td>长度（m）</td><td>宽度（m）</td><td>厚度（m）</td><td>崩塌体覆盖面积（m²）</td><td>落石危害范围面积（m²）</td><td>崩落最大高差（m）</td><td>崩落最远距离（m）</td></tr>
</table>

| | | |
|---|---|---|
| 影响因素 | 地貌因素 | □斜坡陡峭　□坡脚遭侵蚀　□超载堆积 |
| | 人为因素 | □开挖坡过陡　□坡脚开挖　□坡后建设超载　□蓄水位降落<br>□滥伐树木　□人工爆破影响　□水源渗漏　□灌溉渗漏 |
| | 可能诱发因素 | □风化卸荷　□降雨渗水压力　□河流冲刷崖脚　□地震　□采石爆破　□井巷采矿 |
| 危岩崩塌造成的损失或危害评估 | 危害对象 | □行车安全　□公路及附属设施　□市政基础设施　□其他 |
| | 已造成危害 | 伤亡（人）　　　车辆　　　公路及附属设施　　　直接经济损失（万元） |
| 平面及剖面图 | 平面图（危岩范围、崩塌落石可能危害范围、威胁对象的分布） | 剖面图（危岩结构、可能危害范围、威胁的对象）<br><br>比例尺<br>照片编号 |

调查单位：　　　　　填表日期：　　年　月　日　　调查人：　　　审核人：　　　联系电话：

## 滑坡调查表

附表 C-2

| 公路名称 | | | 经纬度 | E: | | 坐标 | X: | | |
|---|---|---|---|---|---|---|---|---|---|
| 公路等级 | | | | N: | | | Y: | | |
| 里程桩号 | | | 管养单位 | | | | | | |

| 滑坡形成环境 | 原始斜坡地貌 | 斜坡类型 | | 岩质斜坡结构类型 | | 土质斜坡地质成因类型 | | 坡度(°) | 坡高(m) | 坡向(°) |
|---|---|---|---|---|---|---|---|---|---|---|
| | | □岩质<br>□土质 | | □平缓层 □顺向层<br>□逆向层 □横向层<br>□斜向层 □软硬岩互层 | | □冲积层 □崩积层<br>□人工堆积层 | | | | |
| | | 坡形 | | □凸形 □凹形<br>□平直 □阶地状 | | | 滑坡区及周边用地类型 | | | |
| | 斜坡地质 | 地层岩性 | | | | 地质构造 | | □旱地 □水田<br>□草地 □灌木<br>□森林 □裸露<br>□建筑 | | |
| | | 时代 | 岩性 | 产状<br>∠ | 构造部位 | 地震烈度 | | | | |
| | 降雨河流影响 | 降水量(mm) | | | 影响滑坡前缘的河流水文 | | | | | |
| | | 年均 | 日最大 | 滑坡临界雨量 | 洪水淹没水位(m) | 枯水位(m) | 滑坡相对河流位置 | | | |
| | | | | | | | □左 □右 □凹 □凸 | | | |
| | 地下水露头 | | □上升泉 □下降泉 □溢水点 □湿地 | | | 泉流量(L/s) | | | | |

| 滑坡基本特征 | 外形特征 | 长度(m) | 宽度(m) | 厚度(m) | 面积(m²) | 体积(m³) | 坡度(°) | 坡向(°) |
|---|---|---|---|---|---|---|---|---|
| | | | | | | | | |
| | | 平面形态 | | | | 剖面形态 | | |
| | | □半圆 □矩形 □舌形 □不规则 | | | | □凸形 □凹形 □直线 □阶梯 □复合 | | |
| | 近期变形迹象 | 发生时间 | | 主要特征 | | | | 造成灾害 |
| | | | | □拉张裂缝 □剪切裂缝 □地面隆起 □地面沉降<br>□剥、坠落 □树木歪斜 □建筑变形 □渗冒浑水 | | | | |

| 影响因素 | 地貌因素 | □斜坡陡峭 □坡脚遭侵蚀 □超载堆积 |
|---|---|---|
| | 主要诱发因素 | □降雨入渗 □地震 □风化切割卸荷 □河流冲刷坡脚 □崩塌堆积物加载<br>□开挖坡脚 □建筑加载 □爆破振动 □车辆振动 □采石取土 □井巷采矿<br>□渠塘田水渗漏 |

| 滑坡造成的损失或危害评估 | 危害对象 | □公路 □行车 □公路附属设施 □其他 | | |
|---|---|---|---|---|
| | 已造成危害 | 伤亡(人) | 车辆 | 公路损毁 | 直接经济损失(万元) |

| 滑坡示意图 | 平面图(滑坡范围、可能危害范围、威胁对象的分布) |
|---|---|
| | 比例尺 |
| | 照片编号 |
| | 剖面图(滑坡结构、可能危害范围、威胁的对象) |
| | 比例尺 |

调查单位： 填表日期： 年 月 日 调查人： 审核人： 联系电话：

附录 C  地质灾害调查表

## 泥石流调查表
附表 C-3

| 公路名称 | | 经纬度 | E: | | 坐标 | X: |
| --- | --- | --- | --- | --- | --- | --- |
| 公路等级 | | | N: | | | Y: |
| 里程桩号 | | 管养单位 | | | | |
| 泥石流现状调查 ||||||||
| 泥石流沟特征 | 地形特征 | 沟宽__m，沟长__m，主沟纵坡坡度__°，相对高差__m ||||||
| | 沟内物质 | □漂石土  □卵石土  □砂砾石土  □碎块石土  □填土 ||||||
| 水动力类型 | □暴雨  □冰川  □溃决  □地下水  □其他 ||||||
| 降雨特征（mm） | $H_{日最大}$ | $H_{日平均}$ | $H_{日最小}$ | $H_{时平均}$ | $H_{10分钟最大}$ | $H_{10分钟平均}$ | 降雨时长（min） |
| | | | | | | | |
| 物质来源 | 物质来源 | □坡面冲蚀  □崩塌、滑坡  □沟底再搬运  □弃土  □其他 ||||||
| | 泥石流沟 | □上游  □中游  □下游 ||||||
| 泥石流分类 | 流域形态 | □山坡型  □沟谷型 ||||||
| | 泥石流类型 | □泥流  □泥石流  □水石流<br>□高频率泥石流  □低频率泥石流 ||||||
| | 泥石流规模 | 固体物质储量__m³/km²，固体物质一次冲出量__m³<br>□小型  □中型  □大型  □特大型 ||||||
| 公路位置的泥石流特征 | 泥石流流量（m³/s） | | | 块石最大直径（m） | | ||
| | 泥浪高度（m） | | | 发展趋势 | | □下切  □淤高 ||
| | 沿路线影响长度（m） | | | 冲淤情况 | | □冲击  □淤埋 ||
| 防治措施 | □有  □无 | | 防治类型 | □拦挡  □排导  □生物工程  □已避让 ||||
| 监测预警 | □有  □无 | | 监测方法 | □专人值守  □设备监测 ||||
| 泥石流灾情调查 ||||||||
| 威胁危害对象 | □桥梁  □隧道洞口  □路基  □涵洞  □服务区  □停车区  □收费站  □其他 |||||||
| 毁坏方式 | □冲击  □淤埋 |||||||
| 影响范围 | 长度（m） | | 宽度（m） | | 高度（m） | ||
| 灾害损失 | □车辆  □人员 | | 通行状况 | □交通中断  □半幅通行  □双向通行 ||||
| 处置措施建议 | |||||||
| 公路与泥石流关系示意图：①平面及断面；②受灾体损毁位置 | 典型照片：①泥石流照片；②受灾或潜在受灾体 |||||||

调查单位：        填表日期：    年  月  日    调查人：    审核人：    联系电话：

## 水毁调查表　　　　　　　　　　　　　　　附表 C-4

| 项目 | | 内容 | | | | | | | | |
|---|---|---|---|---|---|---|---|---|---|---|
| 公路名称 | | | 经纬度 | E:　　　　N: | | | 坐标 | X:　　　　Y: | | |
| 公路等级 | | | | | | | | | | |
| 里程桩号 | | | 管养单位 | | | | | | | |
| 水毁形成条件 | 气候水文 | 年平均气温（℃） | | | | 年降雨量（mm） | | | | |
| | | 降雨特征（mm） | $H_{日最大}$ | $H_{日平均}$ | $H_{日最小}$ | $H_{时平均}$ | $H_{10分钟最大}$ | $H_{10分钟平均}$ | 降雨时长（min） | |
| | 流域特征 | 流域面积 | | | 流域形状 | | | 土壤植被 | | |
| | | 河床物质 | | | | | | | | |
| | 公路沿线工程地质条件 | 岩土类型 | | 地形地貌 | | 地质构造 | | | 不良地质条件 | |
| | 洪水特征 | 洪水暴发时间 | | | 持续时间 | | | 涨落过程 | | |
| | | 最高水位 | | | 泥痕、水迹 | | | | | |
| 水毁基本特征 | 水毁部位 | □路基　□桥梁　□涵洞　□路面　□隧道　□其他 | | | | | | | | |
| | 水毁规模 | 长度 __ m，　宽度 __ m，　深度 __ m | | | | | | | | |
| | 水毁类型 | □路面浸泡　□路基冲蚀　□冲击　□淹没　□其他 | | | | | | | | |
| | 水毁破坏特征 | | | | | | | | | |
| 沿河公路、桥涵及其防护工程 | | | | | | | | | | |
| 路基 | | （路基形式、填料、压实度） | | | | | | | | |
| 桥涵 | | （桥涵形式及防护工程） | | | | | | | | |
| 防护工程 | | （防护工程形式、尺寸、规模） | | | | | | | | |
| 路基水毁灾情调查 | | | | | | | | | | |
| 威胁危害对象 | | □桥梁　□隧道洞口　□路基　□涵洞　□服务区　□停车区　□收费站　□其他 | | | | | | | | |
| 毁坏方式 | | □冲击　□淤埋　□浸泡　□淹没 | | | | | | | | |
| 灾害损失 | | □车辆　□人员　□公路 | | | 通行状况 | | □交通中断　□半幅通行　□双向通行 | | | |
| 处置措施建议 | | | | | | | | | | |
| 公路与灾害关系示意图：①平面及断面；②受灾体损毁位置 | | | | | 典型照片：①水毁沉陷照片；②受灾或潜在受灾体 | | | | | |

调查单位：　　　　填表日期：　　年　月　日　　调查人：　　审核人：　　联系电话：

## 附录C 地质灾害调查表

**路基沉陷与塌陷调查表**　　　　　　　　　　　　　　　　　附表C-5

| 公路名称 | | | 经纬度 | E: | | 坐标 | X: |
|---|---|---|---|---|---|---|---|
| 公路等级 | | | | N: | | | Y: |
| 里程桩号 | | | 管养单位 | | | | |
| 路基沉陷与塌陷现状调查 ||||||||
| 灾害特征 | 规模 | | 长度__m，　宽度__m，　深度__m |||||
| | 路基物质 | | □漂石土　□卵石土　□砂砾石土　□碎块石土　□填土 |||||
| | 路面裂缝 | | （分布、形状和宽度） |||||
| 排水条件 | （排水设施数量、位置、尺寸） |||||||
| 地下水条件 | 地下水露头 || □上升泉　□下降泉<br>□溢水点　□湿地 || 泉流量（L/s） |||
| 路基条件 | 填土高度 ||| 填料类型 ||||
| 触发因素 | □采空区　□黄土陷穴　□岩溶　□地下水　□其他 |||||||
| 破坏类型 | 路基破坏 ||| □整体沉陷　□局部塌陷　□塌陷 ||||
| 防治措施 | □有　□无 ||| 防治类型 || □支挡　□填筑　□截排水 ||
| 监测预警 | □有　□无 ||| 监测方法 || □专人值守　□设备监测 ||
| 路基沉陷与塌陷灾情调查 ||||||||
| 威胁危害对象 | □桥台　□隧道洞口　□路基　□涵洞　□服务区　□停车区　□收费站　□其他 |||||||
| 毁坏方式 | □路基沉陷　□路面塌陷　□路基滑移　□其他 |||||||
| 影响范围 | 长度（m） || | 宽度（m） || 高度（m） ||
| 灾害损失 | □车辆　□人员　□公路 ||| 通行状况 || □交通中断　□半幅通行　□双向通行 ||
| 处置措施建议 | |||||||
| 公路与灾害关系示意图：①平面及断面；②受灾体损毁位置 |||| 典型照片：①沉陷与塌陷照片；②受灾或潜在受灾体 ||||
| | |||  ||||

调查单位：　　　　　填表日期：　　年　月　日　　调查人：　　　审核人：　　　联系电话：

# 参 考 文 献

[1] 项伟. 地质灾害100问[M]. 北京：中国地质大学出版社，2013．

[2] 田伟平，李家春，马保成，等. 公路洪水灾害防治指导手册[M]. 北京：人民交通出版社，2010．

[3] 李家春，田伟平，马保成，等. 公路地质灾害防治指导手册[M]. 北京：人民交通出版社，2010．

[4] 《工程地质手册》编委会. 工程地质手册[M]. 5版. 北京：中国建筑工业出版社，2018．

[5] 王洪涛，等. 高速公路边坡养护管理与实践[M]. 北京：人民交通出版社股份有限公司，2014．

[6] 福建省公路局，福州大学. 公路工程水灾害防治技术[M]. 北京：人民交通出版社，2014．

[7] 石胜伟，张勇，陈容. 常见地质灾害识别与避让科普手册[M]. 北京：科学出版社，2019．

[8] 马锁柱，李玲玲. 地质灾害调查与评价[M]. 郑州：黄河水利出版社，2018．

[9] 张从明，李国锋，等. 公路边坡治理措施及安全评价方法[M]. 北京：人民交通出版社，2009．

[10] 陈红旗，张小趁，等. 突发地质灾害应急防治概论[M]. 北京：地质出版社，2018．

[11] 朱耀琪. 中国地质灾害与防治[M]. 北京：地质出版社，2017．

[12] 贾建红，毛成文，贺金明. 三峡库区滑坡灾害识别与工程实践[M]. 北京：中国地质大学出版社，2017．

[13] 周永昌，武建中，董巧妹. 地质灾害防灾避险知识读本[M]. 太原：山西科学技术出版社，2017．

[14] 余姝，郑涛. 地质灾害防治问答[M]. 重庆：重庆大学出版社，2016．

[15] 唐辉明. 斜坡地质灾害预测与防治的工程地质研究[M]. 北京：科学出版社，2016．

[16] 中华人民共和国地质矿产行业标准. DZ/T 0221—2006  崩塌、滑坡、泥石流监测规范[S]. 北京：中国标准出版社，2006．

[17] 林宗元. 岩土工程试验监测手册[M]. 北京：中国建筑工业出版社，2005．

[18] 国家电力监管委员会大坝安全监察中心. 岩土工程安全监测手册（上、下册）[M]. 3版.

北京：中国水利水电出版社，2013．

[19] 韦方强，高克昌，江玉红，等．泥石流预报的原理与方法[M]．北京：科学出版社，2015．

[20] 张永双，姚鑫，郭长宝，等．地震扰动区重大滑坡泥石流灾害防治理论与实践[M]．北京：科学出版社，2016．

[21] 中华人民共和国电力行业标准．DL/T 5308—2013 水电水利工程施工安全监测技术规范[S]．北京：中国电力出版社，2013．

[22] 中华人民共和国地质矿产行业标准．DZ/T 0220—2006 泥石流灾害防治工程勘查规范[S]．北京：中国标准出版社，2006．

[23] 中华人民共和国地质矿产行业标准．DZ/T 0239—2004 泥石流灾害防治工程设计规范[S]．北京：中国标准出版社，2004．

[24] 许强，汤高明，黄润秋，等．大型滑坡监测预警与应急处置[M]．北京：科学出版社，2015．

[25] 罗强，龙万学，何文勇．贵州山区高速公路典型边坡防治与监测技术[M]．北京：人民交通出版社股份有限公司，2015．

[26] 交通运输部公路科学研究院．公路桥梁养护人员应知应会手册[M]．北京：人民交通出版社，2013．

[27] Lynn Highland，Peter Bobrowsky．滑坡灾害防治手册[M]．汪发武，译．北京：地质出版社，2009．

[28] 刘传正．地质灾害防治工程的理论与技术[J]．工程地质学报，2000，8（1）：100-108．

[29] 刘传正．中国地质灾害监测预警站网建设构想[J]．地质通报，2002，21（12）：869-875．

[30] 谭承君，罗群，曾国强，等．滑坡泥石流地质灾害野外监测预警系统[J]．自动化与仪表，2014（06）：17-21．

[31] 李扬，黄磊博，季伟峰，等．滑坡深部大位移柔性监测系统研究[J]．中国地质灾害与防治学报，2013，24（增刊）：196-199．

[32] 王煜，董新宇．基于BDS结合星载合成孔径雷达干涉测量技术的部分地质灾害监测和预警系统[J]．科技创新导报，2014（15）：36．

[33] 尹超．公路地质灾害评价与区划研究[D]．西安：长安大学，2013．

[34] 王平．基于地理信息系统的自然灾害分区方法研究[J]．北京师范大学报（自然科学版），2000，36（3）：135-137．

[35] 王福恒. 基于 GIS 的区域公路边坡灾害评价与预测研究[D]. 西安：长安大学，2011.

[36] 齐洪亮. 公路基地质灾害评价及防治对策研究[D]. 西安：长安大学，2008.

[37] 王洪辉，庹先国，彭凤凌，等. 基于智能手机的地质灾害群测群防终端[J]. 工程地质学报，2014，22（3）：436-442.

[38] 薛宁波，马清文，王成华. 地质灾害易发山区群测群防体系与突发性灾害预警[J]. 中国水土保持科学，2008，6（增1）：12-15.

[39] FEMA. Disaster Mitigation Act（Public Law106-390）[S]. Washington DC：Federal Emergency management Agency，2000.

[40] 殷跃平. 中国地质灾害减灾战略初步研究[J]. 中国地质灾害与防治学报，2004，15（2）：1-8.

[41] 吴维义，刘欢. 高速公路边坡地质灾害隐患识别技术研究[J]. 交通科技，2019（03）：68-70.

[42] 田述军，唐青松，张珊珊，等. 基于路网结构的岷江上游公路地质灾害易损性评价[J]. 公路，2019，64（05）：203-208.

[43] 祝建，朱冬春，刘卫民. 川藏公路（西藏境）地质灾害类型与分布规律研究[J]. 灾害学，2018，33（S1）：18-24.

[44] 敖绍光. 公路工程地质灾害形成条件及防治措施探讨[J]. 城市建设理论研究（电子版），2018（15）：139.

[45] 牛欢，马荣. 公路地质灾害应急抢通技术的相关探析[J]. 四川水泥，2017（10）：141.

[46] 吴维义，龙万学. 山区公路边坡地质灾害排查要点探讨[J]. 路基工程，2017（04）：238-242.

[47] 王军. 高速公路路基灾害应急抢险信息化平台[D]. 重庆：重庆交通大学，2016.

[48] 曹栩锋. 公路地质灾害应急抢通技术研究[D]. 淮南：安徽理工大学，2014.

[49] 鲁学军，牛智鹏，尚伟涛，等. 地质灾害巡查系统设计与试验[J]. 测绘科学，2014，39（02）：87-92.

[50] 王建. 山岭区公路不良地质灾害及防护处理措施[J]. 交通标准化，2013（11）：30-32.

[51] 李子运. 山区公路路基塌方快速修复新技术研究[D]. 重庆：重庆大学，2013.

[52] 尹超. 公路地质灾害危险性评价与区划研究[D]. 西安：长安大学，2013.

[53] 陈远川. 山区沿河公路水毁评估与减灾方法研究[D]. 重庆：重庆交通大学，2012.

[54] 屈云帅，李家春，马保成，等. 公路地质灾害风险处置对策[J]. 交通企业管理，2012，27（05）：67-69.

[55] 齐洪亮. 公路自然灾害评价系统的研究[D]. 西安：长安大学，2011.

[56] 张毅. 山区公路路基地质灾害评估与防治对策研究[D]. 成都：西南交通大学，2011.

[57] 马保成，田伟平，高婷，等. 公路地质灾害的灾前识别方法研究[J]. 公路，2011（06）：1-5.

[58] 张述成. 山区公路地质灾害应急与防治措施[J]. 中国新技术新产品，2011（04）：96.

[59] 彭慧，龚臣. 山区公路边坡地质灾害类型快速识别方法研究[J]. 城市道桥与防洪，2010（03）：17，37-39/43.